Marliese Arold, geb. 1958, wollte schon als Kind Schriftstellerin werden. Eigentlich ist sie ja Bibliothekarin, aber das findet sie längst nicht so abenteuerlich wie das Geschichten-Ausdenken. Außer „ZM – Streng geheim“ schreibt sie vorwiegend heitere Romane und Tiergeschichten. Sie lebt in Erlenbach am Main.

„Noch aufregender als das Bücherschreiben“, meint sie, „wäre allerdings eine echte Zeitmaschine ...“

MARLIESE AROLD

Das Pferd des Schamanen

ILLUSTRATIONEN
FRANK ROSENZWEIG

ZEIT MASCHINE
STRENG GEHEIM

DIE ABENTEUERSERIE VON Pelikan

Das Papier dieses Buches wurde ausschließlich hergestellt
aus **chlorfrei** gebleichtem Zellstoff –
der Umwelt zuliebe.

ISBN 3-8144-2313-5

Illustrationen: Frank Rosenzweig
Graphische Gestaltung: Leonore Wienstrath
Gesamtherstellung: Mohndruck
Printed in Germany
Auflage 15 14 13 12 11 10 9 8 7 6 5 4 3 2 1

Inhalt

ZEIT MASCHINE

von Marliese Arold

Das sind die Abenteuer:

Die Höhlenmenschen vom Mammuttal
Die geheimnisvolle Goldgräberstadt
Der Smaragd von Bagdad
Die Rache des Druiden
Die Todeselefanten
Die Maske des Piraten
Expedition nach Babylon
Karawane ins Verderben
Wer hat Einstein entführt?
Der Wächter der Pyramide
Die Katastrophe von Pompeji
Falscher Kurs nach Indien
Das Pferd des Schamanen

Ambrosius Köhler
(genannt Professor Ambrosius)

Spinner oder Genie? Er ist Professor der Physik und hat früher an Hochschulen unterrichtet. Aber man hat ihn gefeuert. Seither ist der große, hagere Mann mit den grauen Haaren ziemlich launisch und menschenscheu. Auf Fremde macht er keinen besonders freundlichen Eindruck, weil er mit seinen Gedanken meistens woanders ist.

Professor Ambrosius ist der Großonkel von Heike und Michael Jaschke. Viele Jahre lang war er mit der ganzen Verwandtschaft verkracht, und mit etlichen Leuten ist er es auch heute noch, selbst wenn er inzwischen etwas zugänglicher geworden ist.

Seine dicke Hornbrille hat er endlich gegen eine weniger strenge Nickelbrille vertauscht, und auch die Haarlänge ist etwas erträglicher geworden. Seit dem Umzug nach Werthausen hat sich der Professor überhaupt positiv verändert – das findet jedenfalls Frau Schneider, seine Haushälterin. Wenigstens verbringt der Gelehrte nicht mehr die ganze Zeit in seinem muffigen Keller, sondern ist viel an der frischen Luft . . .

Frau Schneider ahnt ja nicht, welches Ziel Professor Ambrosius' Spaziergänge haben: Eine Tropfsteinhöhle, die er selbst entdeckt hat. Dort kann er nämlich ungestört seinen Experimenten nachgehen . . .

Und er hat schon Dinge erfunden, da würde mancher vor Neid erblassen . . .

Michael Jaschke

liebt nichts mehr als Krimis und Gruselgeschichten. Bei einem Skelett kann er schon mal schwach werden. Zum Ärger seines Deutschlehrers besitzt Michael eine überschäumende Phantasie. Was in seinen Aufsätzen steht, klingt nicht immer glaubhaft. Aber die Schule ist Michael ziemlich schnuppe. Es gibt wichtigere Dinge, findet der Zwölfjährige. Zum Beispiel die Zeitmaschine des Professors . . .

Mit seinem blonden Haar, den blauen Augen und den unzähligen Sommersprossen sieht Michael seiner Schwester überhaupt nicht ähnlich. Die ist außerdem viel schlanker. Doch richtig dick ist Michael nicht. Höchstens ein bißchen pummelig . . . Aber darauf kommt's ja nicht immer an. Hauptsache, man ist flink im Kopf, und außerdem – soooo unsportlich ist Michael auch wieder nicht! Und andere Leute nachahmen kann er super!

Übrigens ist es gut, wenn wenigstens einer nicht gleich den Humor verliert. Denn bei manchen Abenteuern kann dem Professor und den Kindern das Lachen schon vergehen . . .

Heike Jaschke

schwärmt für Tiere, besonders für Pferde. Von Skeletten hält die Vierzehnjährige nicht viel – im Gegensatz zu ihrem Bruder.

Heike ist groß und schlank, hat grüne Augen und braunes Haar, das sie meistens zu einem Pferdeschwanz zusammenbindet.

Heike kann gut zeichnen, und in der Schule ist sie eine der Besten. Sie bildet sich jedoch nichts darauf ein. Hochnäsigkeit kann sie nicht leiden. Überhaupt ist Heike ein echter Kamerad und verliert selbst in den heißesten Situationen nicht den Kopf – auch wenn ihr das Herz manchmal ziemlich flattert.

Thomas Pahl

Thomas ist fünfzehn Jahre alt, groß und schlaksig. Seine Locken sind so dunkel wie Moorteufels Fell. Moorteufel ist ein prächtiger Labradorhund, und seine Spürnase ist einzigartig. Moorteufel ist das letzte Geschenk von Thomas' Vater, der viel zu früh gestorben ist. Inzwischen hat Thomas' Mutter wieder geheiratet, aber mit seinem Stiefvater versteht sich Thomas nicht und geht ihm lieber aus dem Weg.

Thomas interessiert sich für Technik und kann scharf kombinieren. Etwas waghalsig ist er manchmal schon, und ab und zu schießt er auch übers Ziel hinaus. Trotzdem kann man mit ihm Pferde stehlen und sich auf sein Wort voll verlassen.

Früher hat Thomas direkt neben dem Professor gewohnt, und so hat er Heike und Michael kennengelernt. Inzwischen sind die drei unzertrennlich. Ganz klar, ohne sie wäre Professor Ambrosius ganz schön aufgeschmissen! Der hat nämlich ein Talent, von einer verzwickten Lage in die nächste zu geraten . . .

Rätselhafte Kornkreise

„Was für ein Wirbel!“ Frau Schneider, die Haushälterin des Professors, legte die Zeitung auf den Tisch. „Jetzt gibt es auch schon bei uns diese Kornkreise.“

Heike fiel der Kaffeelöffel aus der Hand. „Wie?“

„Typisch für das Sommerloch“, murmelte Professor Ambrosius, der sich gerade ein Marmeladenbrötchen strich. „Wenn nichts los ist, dann erinnern sich die Zeitungsschreiber an das Ungeheuer von Loch Ness oder an Ufos. Neuerdings sind Kornkreise ganz groß in Mode.“

Michael hatte schon die Zeitung aufgeschlagen und las laut vor: *„Wehrt sich jetzt die Erde? – Über Nacht sind in einem Kornfeld in der Nähe von Werthausen geheimnisvolle Zeichen aufgetaucht. Die Bevölkerung steht vor einem Rätsel. Wie sind* *die Kreise entstanden? Haben Rehe diese regelmäßigen Spuren gezogen? War es ein nächtlicher Wirbelwind? Bauer Weinert, dem das Feld gehört, glaubt nicht an solche natürlichen Erklärungen. ‚Die Erde wehrt sich', sagt er. ‚Die Kreise sind eine Botschaft: Behandelt mich liebevoller, sonst wird es euer Tod sein.'"*

Heike und Thomas blickten einander groß an.

„Laß mal sehen." Professor Ambrosius beugte sich über den Tisch und warf einen Blick auf das Zeitungsfoto. „Hm, ein großer Kreis und ein kleinerer, die sich berühren ..."

„Das kann nicht zufällig entstanden sein", behauptete Thomas.

„Vielleicht waren es Außerirdische", sagte Michael. „Ein großes und ein kleines Raumschiff ..."

Heike tippte sich an die Stirn. „Du spinnst ja."

„Was meinen Sie, Herr Professor?" fragte Thomas den Erfinder.

Professor Ambrosius seufzte. „Wegen solcher Kreise braucht man keine Außerirdischen oder *Aliens* zu bemühen. Ich denke, es handelt sich um eine höchst irdische Angelegenheit, etwa um den Schabernack einiger Spaßvögel ..."

Über Michaels Gesicht ging plötzlich ein Leuchten. „Eh, Onkel Ambrosius ..." Er warf einen Blick auf die Haushälterin, die keine Anstalten machte, den Raum zu verlassen. „Ich glaube, ich hab' da eine Ahnung, wer die Kreise gemacht hat ..." Er blinzelte seiner Schwester zu.

Heike stutzte. „Was, du meinst, daß Onkel Ambrosius –"

Frau Schneider wurde hellhörig. „Haben Sie sich vielleicht diesen Scherz erlaubt, Herr Professor? Das würde zu Ihnen passen!"

„Ausgerechnet ich?" brummte der Erfinder verärgert. „Mit solchen Spielchen gebe ich mich nicht ab! Außerdem habe ich nicht das geringste Interesse daran, daß Werthausen auf diese Art berühmt wird. Bestimmt kommen tausend Wissenschaftler, um die rätselhaften Kreise zu erforschen."

„Die kommen nicht", erklärte Frau Schneider mit Bestimmtheit.

Professor Ambrosius runzelte die Stirn.

„Die sind nämlich schon da“, fuhr die Haushälterin fort. „Alle Gasthöfe und Pensionen sind ausgebucht. Und es wimmelt von Journalisten, die die Kreise fotografieren wollen.“

„Sicher rückt auch noch das Fernsehen an“, murmelte der Professor. „Die lassen sich doch eine solche Story nicht entgehen.“

Er seufzte. Die Kinder wußten, was er dachte. Bei so vielen Neugierigen bestand die Gefahr, daß jemand zufällig die Tropfsteinhöhle entdeckte, deren Existenz Professor Ambrosius noch immer geheimhielt. Die Höhle war wie geschaffen für seine Experimente. Dort befand sich auch die Zeitmaschine des Professors – eine Erfindung, von der nicht einmal Frau Schneider etwas ahnte.

„Ich möchte mir die Kornkreise gerne anschauen“, sagte Michael.

„Meinetwegen können wir nach dem Frühstück hingehen“, erwiderte der Professor.

Sie sahen die Menschenmenge schon von weitem. Das Kornfeld, auf dem die Kreise erschienen waren, war mit einer Schnur abgesperrt. Bunte Wimpelchen flatterten daran. Neben dem Feld waren zwei Buden aufgestellt. In der einen gab es heiße Würstchen und Kaffee. An der anderen konnte man einen Rundflug über das Feld buchen, um die geheimnisvollen Zeichen von oben zu betrachten.

Als Professor Ambrosius und die Kinder das Feld erreichten, dröhnte in der Luft ein kleines Sportflugzeug. Es kreiste einige Male über ihren Köpfen und verschwand dann hinter einem Waldstück.

„Sehr geschäftstüchtig“, murmelte Professor Ambrosius abfällig. „Was kostet denn der Spaß?“ Er entzifferte den Anschlag an der Bude. „Hundert Mark? Nein danke, dann verzichte ich lieber.“

Michael stellte sich auf die Zehenspitzen, um einem dikken Mann über die Schulter zu schauen. Vom Feldrand aus war wenig von den Kreisen zu erkennen.

„Von dem Hügel dort drüben kann man sicher mehr sehen“, meinte der Junge.

Heike stieß ihn in die Rippen. „Auf die Idee sind auch schon andere gekommen. Guck mal!“

Michael folgte ihrem Zeigefinger. Der Hügel war schwarz vor Leuten. Der Junge stöhnte.

„O Gott! Wo kommen die bloß alle her?“

„Weißbrot, frische Brötchen ...“ Ein junger Mann schob sich durchs Getümmel und bot aus einem Korb Lebensmittel an.

„Doppelt so teuer wie im Laden“, stellte Thomas fest.

Wieder erschien das Sportflugzeug und kreiste über dem Feld. Michael starrte hinauf und beschirmte seine Augen. Er sah, wie jemand im Flugzeug eine Videokamera zückte und die Kreise filmte. Neben den Kindern unterhielten sich zwei Männer.

„Es könnte ein Magnetsturm gewesen sein“, sagte der eine.

„Möglicherweise handelt es sich um eine Pilzerkrankung des Getreides“, gab der andere zurück.

„Sie glauben also nicht, daß Außerirdische in Werthausen gelandet sind?“ mischte sich ein dritter ein. Er hatte einen Kassettenrekorder umhängen und hielt ein Mikrophon in der Hand. „Entschuldigung, ich mache eine Umfrage für die BLITZ-Post.“

„Keine Auskunft“, erwiderte der erste Mann, und der zweite sagte: „Ich glaube erst an Ufos, wenn ich eines gesehen habe.“

Der Reporter ging weiter und landete bei Heike, Michael und Thomas.

„Was sagt ihr zu den Kornkreisen?“

Michael setzte eine wichtige Miene auf. „Höllisch interessant, das Ganze. Dann könnten die hellen Scheiben, die ich vorgestern am Himmel gesehen habe, tatsächlich Ufos gewesen sein."

Heike und Thomas wechselten einen Blick. Thomas zog die Augenbrauen hoch.

„Du hast etwas gesehen? Erzähl' doch mal mehr", forderte der Reporter Michael auf, und der Junge spann seine Geschichte weiter.

„Es war vorgestern nachmittag, kurz nach dem Gewitter. Ich guck' zufällig aus dem Fenster, weil ich denke, vielleicht seh' ich einen Regenbogen ... Und da! Plötzlich entdecke ich zwei leuchtende Punkte am Horizont! Sie waren ungefähr so groß", Michael zeigte die Spanne zwischen Daumen und Zeigefinger, „und flogen mit rasender Geschwindigkeit über den Himmel. Ich reib' mir die Augen und denk', ich spinne. Und als ich die beiden da", er deutete auf Heike und Thomas, „holen wollte, da waren die Ufos schon wieder weg."

„Sehr interessant", bemerkte der Reporter. „Um wieviel Uhr hast du deine Beobachtung gemacht?"

Michael zuckte mit den Achseln. „Ungefähr gegen siebzehn Uhr, würde ich sagen."

„Hast du die unbekannten Flugobjekte fotografieren können?" fragte der Reporter.

„Leider nicht. Ich hatte gerade einen Tag zuvor meinen Film vollgeknipst und noch keinen neuen in die Kamera eingelegt." Michael hob mit gespieltem Bedauern die Schultern. „Schade, so hab' ich wohl 'ne einmalige Gelegenheit verpaßt."

Der Reporter notierte sich Michaels Adresse und ging dann weiter, um die nächsten Leute zu interviewen.

„Warum erzählst du dem Kerl solche Lügen?" fauchte Heike ihren Bruder an, als der Reporter außer Hörweite war.

Michael verdrehte die Augen. „Jetzt komme ich endlich mal in die Zeitung ... Aber der Typ hat mich nicht einmal fotografiert."

„Ach, Michael", sagte Heike liebevoll. „Dein Foto in der Zeitung, und das Blättchen geht ein."

In diesem Augenblick kam Professor Ambrosius zurück. Er war bis zur Ecke des Feldes gegangen, um die Kreise von dort zu betrachten. „Nichts Neues. Nach wie vor bin ich der Ansicht, daß die Kreise von einem Witzbold gemacht worden sind."

„Es wär' doch kein Problem für dich, den Täter aufzuspüren", schlug Michael vor. „Du könntest ganz einfach mit der Zeitmaschine in jene Nacht zurückfahren, in der die Kornkreise entstanden sind ..."

„Ich hätte nie gedacht, daß er so schnell nachgibt", vertraute Heike Thomas an, während sie auf ihrem Regal etwas suchte.

„Der Professor ist eben auch neugierig", meinte der Junge. „Ich glaube jedenfalls nicht, daß liebestolle Rehe die Kreise gemacht haben. Und daß sie einfach durch irgendwelche Wirbelwinde entstanden sind, kann ich mir nicht vorstellen. – Was suchst du denn wie verrückt?"

„Die Kapsel mit den Sprachpillen. Ich weiß noch ganz genau, daß ich sie hier auf das Regal gelegt habe. Und jetzt ist sie weg."

Das Mädchen ließ sich auf die Knie nieder, um auf dem Boden weiterzusuchen. Vielleicht war die Kunststoffkapsel ja heruntergefallen. Die Sprachpillen waren sehr wichtig. Sie regten das Lernzentrum im Gehirn an. Man konnte in Windeseile eine fremde Sprache verstehen sowie selbst sprechen. Die Sprachpillen gehörten zur Notausrüstung. Die Kinder und der Professor hängten sich immer eine Kapsel mit den kleinen Pillen um den Hals, bevor sie die Zeitmaschine benutzten – selbst bei kurzen Reisen. Schließlich konnte man nie wissen.

„Du brauchst nicht weiterzusuchen", sagte Thomas. Er zog etwas aus seiner Hosentasche. „Hier."

„Warum hast du meine Sprachpillen geklaut?"

„Ich doch nicht! Der Professor hatte eine Idee ...“

„Da bin ich ja mal gespannt.“

„Er hat in jede Kapsel einen kleinen Sender eingebaut. Wenn wieder mal einer von uns verlorengeht, kann uns Archie leichter finden. Die Reichweite ist allerdings ziemlich beschränkt.“

Archie war der Computer der Zeitmaschine. Er war eine Künstliche Intelligenz und konnte selbständig denken und handeln. Allerdings hatte er eine große Macke: er war sehr leicht beleidigt.

Heike betrachtete nachdenklich die Kapsel und den kleinen grauen Metallstift, in dem der Sender untergebracht war.

„Na ja, schaden kann's wohl nicht.“ Sie hängte sich die Kapsel um den Hals. „Im Grunde ist es ja ein ganz guter Einfall. Komm.“

Michael und Professor Ambrosius warteten schon im Garten. Der schwarze Labradorhund Moorteufel wedelte mit dem Schwanz, als er Thomas erblickte.

„Natürlich, Moorteufel, du darfst ja mit, das ist klar.“ Der Junge nahm den Hund an die Leine.

Sie verließen den Garten und schlugen die Richtung zur Tropfsteinhöhle ein. Die Straße ging in einen Feldweg über, links und rechts gesäumt von Wiesen. Bald kamen sie zu der Wegkreuzung, wandten sich nach links und stiegen über das Drahtseil, an dem das Schild „Privatgelände“ hing. Kurz darauf erreichten sie den stillgelegten Steinbruch. Professor Ambrosius blieb stehen. „Wir scheinen Glück zu haben. Offenbar haben sich die Schaulustigen noch nicht bis hierher verirrt.“

„Hier gibt's ja auch keine Kornkreise, sondern nur eine doofe, langweilige Tropfsteinhöhle“, entgegnete Michael.

„Mit 'ner doofen, langweiligen Zeitmaschine“, fügte Heike hinzu.

„Die nie richtig funktioniert“, spottete Thomas.

Hinter einer schief gewachsenen Fichte befand sich der

Eingang zur Höhle. Die Kinder und der Professor zwängten sich hindurch. Thomas half Moorteufel durch das Loch.

Dumpfe und kühle Luft schlug ihnen entgegen. Heike fröstelte. In der Tropfsteinhöhle war es wesentlich kälter als draußen. Nach wenigen Minuten hatten sie die große Halle mit dem Höhlenfluß erreicht. Über der kleinen Insel flimmerte die Luft. Die Zeitmaschine befand sich momentan in der fünften Dimension, an einem Ort außerhalb der Zeit. Professor Ambrosius trat zu der großen Computeranlage am Flußufer und befahl Archie, die Zeitmaschine herbeizuholen.

„Sehr wohl", ertönte Archies Stimme aus dem Lautsprecher. Das Flimmern wurde stärker. Kurz darauf wurden die eiförmigen Umrisse der Zeitmaschine sichtbar. Dann stand das Gefährt auf der Insel.

„Das kommt mir jedesmal wie Zauberei vor", sagte Michael ein wenig atemlos.

„Keine Zauberei", widersprach der Erfinder. „Es handelt sich lediglich um einen Wechsel des physikalischen Zustands."

Sie gingen über die schmale Eisenbrücke zur Insel. Die Einstiegsluke der Zeitmaschine glitt automatisch auf.

„Gut gemacht, Archie", lobte Professor Ambrosius den Bordcomputer. Der Computer der Zeitmaschine und die große Computeranlage am Ufer bildeten ein System, aber beide Teile konnten auch unabhängig voneinander arbeiten.

„Sie haben mich ja auch gründlich überholt", erklärte Archie. Seine Stimme klang stolz. „Ich bin wieder einsatzbereit. Ich brenne darauf, Ihnen mein Können zu beweisen."

„Wir wollen in die Vergangenheit fahren, aber nur ungefähr vierzig Stunden zurück", befahl der Professor.

„Nur vierzig Stunden?" wiederholte Archie verwundert. „Habe ich richtig verstanden? Oder meinen Sie, die Reise soll vierzig Stunden dauern?"

„Um Himmels willen, nein!“ rief Professor Ambrosius aus. „Ich habe keine Lust, die Entstehung des Universums mitzuerleben!“

„Wir wollen wissen, was vorgestern nacht passiert ist“, klärte Michael den Computer auf.

„In einem Kornfeld in der Nähe sind rätselhafte Kreise entstanden“, ergänzte der Professor. „Wir möchten gerne herausfinden, wer sie gemacht hat.“

„Hast du eine Idee, Archie?“ fragte Michael.

„Mathematisch begabte Mäuse“, kam es vom Computer. „Oder Ratten, die aus einem Versuchslabor entwischt sind und auf Geometrie getrimmt wurden ...“

„Ganz neue Perspektiven“, murmelte Professor Ambrosius und rieb sich nachdenklich das Kinn.

Archie war noch nicht fertig. „Grillen, die einen Fruchtbarkeitstanz aufgeführt haben. Oder beschwipste Feldhamster, die vergorene Mirabellen gefressen haben. Oder Kaninchen, die das ewige Löcherbuddeln satthaben ...“

„Ich glaube, es genügt“, unterbrach Professor Ambrosius den Computer. „Okay, Archie, wir werden herauskriegen, wer die Kornkreise gemacht hat.“

Einige Lichter auf dem Armaturenbrett flammten auf. Die Kinder nahmen auf den Sitzen Platz. Die Einstiegsluke schloß sich. Professor Ambrosius tippte behutsam einige Zahlen ein.

„Das Kornfeld ist ungefähr ... hm ... zwei Kilometer östlich von hier ...“

Auf dem Bildschirm erschien eine Luftaufnahme von Werthausen. Ein leuchtender Pfeil bewegte sich hin und her.

„Danke, Archie“, sagte der Erfinder erfreut. „Den Pfeil etwas nach rechts, dann bist du genau auf dem richtigen Feld, wenn mich nicht alles täuscht.“

Der Pfeil wanderte nach rechts. Der Professor brummte zufrieden. „Und nun“, sagte er, „Start frei ...“

Zwei Spaßvögel lernen das Fürchten

Die Nacht war sternenklar. Alles schien ruhig zu sein.

„Ich kann nichts erkennen", wisperte Heike.

Der Professor und die Kinder waren mit der Zeitmaschine am Waldrand gelandet. Die Einstiegsluke war geöffnet, alle Lampen abgeschaltet. Nach einer Weile hatten sich die Augen der Zeitreisenden an die Dunkelheit gewöhnt.

„Vielleicht sind wir zu früh dran", flüsterte Michael.

„Es ist ungefähr Mitternacht", murmelte Professor Ambrosius. „Wir müssen Geduld haben."

Sie warteten eine Viertelstunde, ohne daß etwas geschah. Heike spürte, wie Moorteufel vor Spannung und Erwartung zitterte. Plötzlich versteifte sich der Hund und gab einen leisen Laut von sich.

„Schschsch, Moorteufel“, mahnte Thomas sofort.

„Er hat etwas entdeckt“, gab Heike aufgeregt zurück.

Die Kinder und der Professor starrten weiter in die Dunkelheit. Da nahm Heike auf der anderen Seite des Kornfeldes eine Bewegung wahr. Sie stieß Michael vorsichtig an und raunte: „Dort drüben!“ Zwei dunkle Gestalten bewegten sich am Feldrand entlang. Sie hatten lange Stangen in der Hand.

„Was tun sie damit?“ fragte Heike atemlos.

„Schau genau hin“, sagte Professor Ambrosius gedämpft. „Es sind Stelzen. Jetzt wissen wir, warum die Leute keine Fußspuren im Feld hinterlassen haben.“

„Stelzen! Auf diese Idee muß man erst einmal kommen“, stieß Michael aus.

„Ein einfacher, aber sehr wirkungsvoller Trick“, entgegnete der Professor. „Damit ist es den Witzbolden gelungen, ganz Werthausen an der Nase herumzuführen.“

„Ha, denen verderben wir aber den Spaß!“ erklärte Michael unternehmungslustig.

„Vergiß nicht, wir sind in der Vergangenheit“, sagte Professor Ambrosius eindringlich. „Zwar nur ein paar Stunden, trotzdem gilt: Wir dürfen nichts ändern, was schon passiert ist.“

Heike seufzte leise. Tausendmal hatte der Professor ihnen das schon gepredigt!

„Schade!“ murmelte Michael. Am liebsten hätte er den beiden Spaßvögeln einen ordentlichen Schrecken verpaßt. Doch es war schon ein eigenartiges Gefühl, sich vorzustellen, daß sie dann bei ihrer Rückkehr weder die Würstchenbude noch den ganzen Rummel vorfinden würden.

„Und ein paar hundert Meter von hier liegen wir jetzt in unseren Betten und schlafen seelenruhig“, sagte Heike. „Stellt euch vor, was passieren würde, wenn wir uns selbst aufwecken würden ...“

„Das Durcheinander wäre entsetzlich“, bestätigte der Professor. „Jeder würde seinen eigenen Zwilling treffen, und es wäre vollkommen unmöglich zu entscheiden, wer der richtige ist. Deswegen sollten wir lieber zurückkehren und das Schicksal erst gar nicht herausfordern. Jetzt haben wir ja gesehen, wie die Kornkreise entstanden sind. Es ist nichts Geheimnisvolles oder Übernatürliches dabei."

„Pst!" flüsterte Heike in diesem Moment. „Der eine Mann kommt näher."

Die Gestalt stakste unsicher heran, ein Schritt nach dem anderen. Einmal wankte der Mann, und es sah so aus, als würde er umfallen. Doch im letzten Augenblick gelang es ihm, das Gleichgewicht zu wahren, und er setzte seinen Weg fort.

„Jetzt hätte der Kornkreis fast 'ne Delle bekommen", spottete Michael. Heike prustete los. Sie versuchte, ihr Lachen zu unterdrücken, aber dabei verschluckte sie sich und fing an zu husten.

Der Mann auf den Stelzen stockte.

„Ruhig!" zischte Michael.

Zu spät. Der Mann schaute schon in ihre Richtung. „Ich werd' verrückt! He, Theo, schau mal, was da am Waldrand steht!"

Der Lichtkegel einer Taschenlampe traf die Zeitmaschine.

„Verflixt und zugenäht", sagte Professor Ambrosius gehetzt. „Nichts wie weg! – Archie!"

„*Weg* ist ein ungenauer Begriff", beanstandete Archie. „Geben Sie mir ein genaues Ziel an."

„O, du verdammter Idiot!" Professor Ambrosius fluchte vor sich hin. „Nach Hause, wohin sonst?"

„Ein Ufo, Theo, ein Ufo!" brüllte der Mann und warf seine Stelzen fort. „Das müssen wir uns ansehen, komm!"

„Das gibt's doch nicht ... Wahnsinn!" Von der anderen Seite des Feldes kam Theo herbeigeeilt. Fassungslos starrten die beiden Männer auf die Zeitmaschine.

„Archie, zum Teufel!" schnaubte der Professor. „Warum tust du nichts?"

„Sie haben *Idiot* zu mir gesagt", kam es verschnupft aus

dem Lautsprecher. „Bevor Sie sich nicht entschuldigen, führe ich keinen einzigen Befehl mehr aus.“

Inzwischen waren die beiden Männer vor der Zeitmaschine angelangt. Moorteufel bellte die Fremden wütend an.

„Guck mal, Achim, die Typen im Raumschiff haben sogar 'nen Köter dabei!“

„Es wird uns nichts anderes übrigbleiben, als ein bißchen Theater zu spielen“, ächzte Professor Ambrosius leise. Er drehte an einem Schalter. Sofort flammten die Scheinwerfer der Zeitmaschine auf. Alles war in ein gleißendes Licht getaucht. Die beiden Männer zuckten zurück

Die Zeitreisenden sahen jetzt ihre Gesichter. Es waren junge Männer, beide ungefähr Anfang Zwanzig. Theo hatte blonde Haare und einen Schnurrbart. Der andere Mann war schwarzgelockt, und seine Züge waren noch kindlich rund. Gebannt und furchtsam zugleich näherten sich die Männer der Maschine.

„Zwick' mich, Achim“, murmelte Theo. „Ich glaube, ich träume!“

„Es sind Bewohner eines fremden Sterns“, sagte Achim ehrfürchtig. „Und sie sprechen unsere Sprache! Phantastisch!“

„Wo kommt Ihr her?“ fragte Theo. „Seid Ihr da, um die Erde zu retten? Bringt Ihr uns Menschen Glück und Heil?“

Michaels Augen funkelten. Er sagte so würdevoll wie möglich: „Wir kommen vom Planeten ZM.“

„Planet Zetem, hast du davon schon gehört?“ fragte Achim.

Theo schüttelte den Kopf. „Mit Sternen kenne ich mich nicht aus. Ich seh' nur welche, wenn ich betrunken bin. Aber jetzt bin ich stocknüchtern. – Mensch, Achim, das hier glaubt uns keiner!“

Die beiden Männer standen nun direkt vor der Zeitmaschine, reckten die Hälse und warfen neugierige Blicke ins Innere.

„Wie funktioniert das Ding denn?“ wollte Achim wissen. „Fliegt Ihr mit Lichtgeschwindigkeit?“

Die beiden drängten neugierig zur Einstiegsluke herein.

„Guck mal, Theo, ein Bildschirm – gerade wie bei uns“, stellte Achim fest.

Theo fuhr mit den Händen über die Sitzlehnen. „Eigenartig ...“

„Und die Außerirdischen, sie sehen aus wie Menschen“, betonte Achim und starrte die Zeitreisenden an, als wollte er sich ihre Gesichter genau einprägen.

„Wir haben menschliche Gestalt angenommen, um uns anzupassen“, erwiderte Michael mit ernster Miene.

„Bitte verlassen Sie das Raumschiff!“ forderte Professor Ambrosius. Er war blaß vor Zorn.

„Ein paar Fragen haben wir schon noch.“ Theo grinste. „Wie lebt man eigentlich auf Zetem?“

„Ein Tag hat neununddreißig Stunden, und man braucht nur zwei davon zu schlafen“, gab Thomas schlagfertig zurück.

„Mann!“ staunte Achim. „Das ist enorm praktisch.“ Er drehte sich um und schaute aufs Schaltpult. „Hm ... Buchstaben und Bezeichnungen wie bei uns ...“ In seinen Augen blitzte plötzlich Mißtrauen auf. „He, kenne ich Sie nicht von irgendwoher?“

„Es ist möglich, daß Sie mich in einem Traum gesehen haben“, antwortete der Professor mit mühsam beherrschter Stimme. „Dürfte ich Sie nun bitten zu gehen? Wir wollen starten.“

„Du, Theo, ich glaube, die Typen von Zetem verulken uns“, murmelte Achim finster. „Vielleicht sind die gar nicht echt.“

Theo machte ein grimmiges Gesicht. „Das werden wir herausfinden.“

„Raus jetzt!“ forderte Professor Ambrosius. „Aber dalli!“

Theo und Achim wechselten einen Blick. Dann sagten sie wie aus einem Munde: „Wir denken nicht daran.“

Jetzt kam es zum Handgemenge. Michael und Thomas versuchten, die beiden Männer nach draußen zu befördern. Achim und Theo hielten dagegen den Professor fest und wollten ihn aus der Luke drängen. Heike kam ihrem Großonkel zu Hilfe. Als Moorteufel nach den Beinen der Unruhestifter schnappte, stürzte Achim mit dem Ellbogen aufs Schaltpult. Funken sprühten.

„Verflixt und zugenäht!“ brüllte der Professor. „Er ruiniert meine Maschine!“

Im gleichen Moment gelang es Thomas und Michael, Theo aus der Maschine zu schubsen.

„Dieses war der erste Streich“, sagte Michael, „und der zweite –“ Er brach erschrocken ab.

Nebelfetzen zogen draußen vorbei.

„Der Zeitstrom“, sagte Thomas gepreßt.

„Stopp, Archie!“ schrie Professor Ambrosius aufgeregt. „Was tust du da? Noch nicht starten! NEIN!“

Achim richtete sich auf und starrte fassungslos hinaus. Das Kornfeld verschwamm. Der Boden sah aus, als würde er Löcher bekommen. Theo, der sich gerade aufrappelte und sich den Schmutz von den Knien klopfte, wurde plötzlich doppelt so dick wie zuvor. Gleich darauf hatte er wieder sein normales Aussehen. Wenige Sekunden später wuchs er in die Höhe und reckte und streckte sich wie ein langer, dürrer Riese.

Achim rieb sich die Augen. „Ich träume ...“

„Es sind optische Täuschungen“, krächzte der Professor. „Das kommt davon, weil unser Zustand instabil geworden ist. Wir hängen sozusagen nur noch an einem Faden in dieser Zeit.“

„Ich glaube, mir wird schlecht.“ Achim stöhnte. „Dann ist das alles doch wahr.“

Jetzt endlich meldete sich Archie wieder. „Der Zeitstrom reißt uns fort“, verkündete er gepreßt. „Ich kann die Position nur noch vier Sekunden halten.“

Michael und Thomas reagierten rasch. „Raus mit dir,

schnell!" Sie stießen Achim aus der Zeitmaschine, während sich der Nebel draußen verdichtete.

Professor Ambrosius wischte sich die Stirn. „Das war wirklich der letzte Augenblick."

„Festhalten!" warnte Archie.

Eine Erschütterung ging durch die Zeitmaschine. Heike wurde über einen Sessel geschleudert und landete unsanft auf dem Boden. Michael gelang es, sich an der Maschinenwand festzuklammern, während sich Thomas und der Professor buchstäblich in die Arme fielen. Moorteufel brachte sich hinter einem Sessel in Sicherheit und jaulte.

Die Zeitmaschine dröhnte. Heike spürte einen fast unerträglichen Druck auf ihren Trommelfellen. Sie preßte die Hände auf die Ohren und schloß die Augen. Der Schweiß brach ihr aus.

„Stopp, Archie, stopp!" befahl der Professor. „Bring dieses Höllending zum Stillstand!"

Doch der Computer gab keine Antwort.

Unter Barbaren

Die wirbelnde Fahrt durch Raum und Zeit schien kein Ende zu nehmen. Nebelfetzen drangen von draußen in die Kabine herein. Manchmal konnten die Zeitreisenden einander gar nicht mehr erkennen. Dann wiederum wurde die Sicht klarer, aber die Farben stimmten nicht mehr. Einmal hatte Thomas knallrote Haare und ein grünes Gesicht. Die Brillengläser des Professors funkelten orange. Moorteufel aber war schwarzweiß gestreift wie ein Zebra ...

Michael stöhnte. „Du solltest die Zeitmaschine als Geisterbahn vermieten, Onkel Ambrosius."

Irgendwann fiel Heike auf, daß das Dröhnen der Maschine aufgehört hatte. Sie hob den Kopf, um einen Blick nach draußen zu werfen. Ihr war schwindelig. Matt strich sie sich die Haare aus der Stirn. Sie sah einen glutroten Ball, die Sonne. Der Himmel war leicht dunstig. Die Zeitmaschine war also zum Stillstand gekommen. Trotzdem – da war das Dröhnen wieder! Der Boden zitterte. Das dumpfe Grollen steigerte sich und wurde lauter. Vor der Luke stieg eine Staubwolke auf. Es waren Hunderte von Pferdehufen!

„Zurück, Archie!" ächzte Professor Ambrosius. „Das ist bestimmt nicht das zwanzigste Jahrhundert!"

Doch der Computer reagierte nicht, und auch der Bildschirm blieb dunkel.

„Wo sind wir?" Der Erfinder blickte aus der Luke. Blitzschnell zog er den Kopf zurück.

Ein Pfeil sauste durch die Luft. Er flog haarscharf an seiner Schulter vorbei und bohrte sich in das Polster eines Sitzes. Thomas zog geräuschvoll die Luft ein. Aus Michaels Gesicht war alles Blut gewichen.

„Luke zu!" befahl der Professor. „Rasch!"

Als nichts geschah, drückte er auf einen Knopf auf dem Schaltpult. Doch der Schließmechanismus funktionierte nicht.

„Na, dann nicht. Deckung, Leute!" Professor Ambrosius warf sich flach auf den Boden. Michael preßte sich gegen die Wand, und Thomas kauerte sich hinter einen Sitz. Heike erwischte Moorteufel und zog den Hund zu sich hinter eine Sessellehne.

Draußen wieherten Pferde. Es wurden Befehle in einer Sprache gerufen, die die Zeitreisenden nicht verstanden. An den Geräuschen hörten sie, wie die Reiterschar die Zeitmaschine umringte.

„Sind es Indianer?" fragte Thomas im Flüsterton.

Professor Ambrosius lugte vorsichtig von unten durch die Öffnung. „Wie Indianer sehen die da draußen nicht aus. Sie tragen Stiefel und merkwürdige Fellmützen. Manche haben sogar Helme auf." Er zuckte zurück. Wieder flog ein Pfeil in die Maschine. Diesmal prallte er an der Wand ab und fiel zu Boden.

„Die empfangen uns jedenfalls nicht gerade freundlich“, stellte Michael fest.

„Wir müssen versuchen, mit ihnen zu verhandeln, bevor sie uns umbringen“, murmelte der Professor und griff nach der Kapsel mit den Sprachpillen. Er warf einen grimmigen Blick auf das Schaltpult. „Weiß der Kuckuck, was schon wieder mit Archie los ist! Bei nächster Gelegenheit werde ich ihn mir vorknöpfen.“

Die Kinder öffneten nun ebenfalls ihre Kapseln und schluckten die Sprachpillen. Heike faßte sich ein Herz und spähte hinter dem Sitz hervor. Durch einen schmalen Spalt erkannte sie einen Reiter. Das braune Pferd, auf dem er saß, tänzelte unruhig. Der Mann riß an den Zügeln und brüllte etwas. Wenig später war Heike in der Lage, seine Worte zu verstehen.

„Es sind nur drei oder vier Leute drin, ich hab' sie gesehen. Offenbar sind sie nicht bewaffnet, sonst hätten sie sich längst gewehrt. Wer stürmt diese Jurte? Freiwillige vor!“

Niemand meldete sich. Der Reiter wartete. Sein Pferd machte einige Schritte rückwärts.

„Wie?“ schrie der Mann dann. „Keiner? Bin ich von lauter Angsthasen umgeben? Oktar, was ist mir dir?“

Ein dünner Mann ritt herbei. Sein Pferd war von einer fahlen, fast grauen Farbe und hatte einen gedrungenen Kopf.

„Herr, alle Männer haben dasselbe gesehen wie ich: Die Stelle hier war leer. Dann flimmerte die Luft, und die Jurte stand auf einmal da. Das geht nicht mit rechten Dingen zu!“

„Es ist ein Werk der Dämonen, Herr!“ rief ein anderer Reiter. „Wie kann diese Jurte plötzlich auftauchen, ohne daß einer von uns einen Menschen bemerkt hat?“

Der Anführer wurde zornig. „Ihr habt zuviel Stutenschnaps getrunken! Eure Augen sind trüb wie die von Maulwürfen, und euer Herz ist ein Dunghaufen voller Angst! Wenn der Fürst von eurem Verhalten erfährt, läßt er euch töten. Er kennt kein Erbarmen mit Feiglingen.“

Michael schluckte. „O Gott, wie grauenhaft. Warum müssen wir nur immer in so ein Schlamassel geraten?"

„Still", mahnte der Professor. „Sie beraten sich. Jetzt sitzen zwei Männer von ihren Pferden ab und kommen näher. Offenbar hat der Anführer doch zwei Freiwillige gefunden."

„Was hast du vor?" fragte Heike bang.

Der Erfinder richtete sich auf und trat zur Luke. Er hob die Hände. „Seid gegrüßt, meine Freunde!"

„Er spinnt!" Michael japste vor Aufregung und versuchte, ihn zurückzureißen. „Onkel Ambrosius, du bist lebensmüde!"

Der Professor schüttelte seine Hand ab. „Ich weiß, was ich tue." Laut rief er: „Wir sind waffenlos und friedlich. Leider haben wir uns verirrt, aber vielleicht könnt ihr uns –"

Ein Pfeil zischte knapp an seinem Ohr vorbei. Professor Ambrosius sprang rasch zur Seite und preßte sich an die Wand. Er war ganz blaß. „Anscheinend haben die Kerle da draußen noch nichts von Diplomatie gehört."

Heike preßte ihre Lippen zusammen, als sich die Einstiegsluke verdunkelte. Zwei Männer betraten die Zeitmaschine und sahen sich mit wilden Blicken um. Pfeilköcher hingen an ihren Schultern, Schwerter an ihren Gürteln.

„Genau, wie er gesagt hat. Nur vier Mann!"

„Ein Mann, zwei Knaben und ein junges Weib", berichtigte der andere.

Die Fremden waren kleiner als der Professor, ihre Gesichter rundlich und flach. Auf den Wangen zeichneten sich tiefe Narben ab. Die Augen waren schlitzförmig und verschwanden fast zwischen den Lidern.

‚Wir sind in China gelandet', schoß es Heike durch den Kopf. ‚Oder wenigstens irgendwo in Asien.'

„Einen wunderschönen guten Tag", murmelte Professor Ambrosius und lächelte. „Vielleicht können Sie uns sagen, wo wir –"

„Halt's Maul, wenn du nicht gefragt bist", fuhr ihn der

Fremde grob an. Er zückte sein Schwert und hielt dem Professor die Spitze vor die Brust.

„Der Reihe nach raus aus eurer Jurte!"

In diesem Augenblick riß sich Moorteufel von Heike los und schoß auf die Männer los, um sich in ihren Waden zu verbeißen. Doch gegen die Lederstiefel kam er nicht an. Einer der Männer schwang das Schwert.

„Nicht!" schrie Thomas und fiel dem Fremden in den Arm, so daß die Klinge Moorteufel verfehlte. „Ihr dürft ihn nicht töten!"

Der Hund jaulte auf. Der Mann hatte ihm einen groben Tritt versetzt. Jetzt packte er Thomas am Hemd und zog ihn ganz dicht an sich heran. Thomas wurde fast ohnmächtig von dem Gestank, den der Mann verbreitete. Er roch, als hätte er sich noch nie im Leben gewaschen.

„Bist du ein Römer? Woher kommst du?"

„Wir kommen ... äh ... aus Germanien", stammelte Thomas. Der Fremde versetzte ihm einen Stoß, so daß Thomas aus der Luke taumelte und mit dem Gesicht ins Gras fiel. Bevor er sich aufrappeln konnte, spürte er einen starken Schlag auf den Kopf. Thomas fühlte einen kurzen, heftigen Schmerz, dann hatte er das Gefühl, in einen tiefen Schacht zu fallen.

„Was haben die bloß mit uns vor?" fragte Michael bang.

„Jedenfalls nichts Gutes", erwiderte Heike dumpf.

Die Zeitreisenden saßen Rücken an Rücken. Jeweils zwei waren mit starken Lederriemen aneinandergefesselt. Die Männer hatten sorgfältige Arbeit geleistet. So sehr sich die Kinder und der Professor auch bemühten – die Lederriemen gaben keinen Millimeter nach.

„Hoffentlich lassen sie die Maschine in Ruhe." Mißtrauisch beobachtete der Erfinder die Männer, die in die Zeitmaschine kletterten, sich darin umschauten und nach einer Weile wieder herauskamen. Professor Ambrosius litt innerliche Qualen. Wenn es nun einem der Barbaren einfiel, auf dem Schaltpult herumzudrücken oder es gar zu zertrümmern? Dann würden er und seine jungen Freunde in der Vergangenheit bleiben müssen!

Thomas stöhnte. Er war nach dem Schlag auf dem Kopf noch immer benommen. Sein Schädel brummte wie ein Bienenhaus, und er hatte den Eindruck, daß sich der Abstand von Ohr zu Ohr verdoppelt hatte. „Hat jemand von euch 'ne Ahnung, wo wir gelandet sind?"

„Frag' mich mal etwas Einfacheres", gab Professor Ambrosius zur Antwort. „Die Kerle da sitzen jedenfalls auf ihren Pferden, als seien sie auf ihnen festgewachsen. Vermutlich hocken sie sogar noch nachts im Sattel."

Heike sah zu den Pferden hinüber. Es waren relativ kleine, robuste Tiere mit struppigen Mähnen und einem dichten Fell. Wahrscheinlich wurden sie das ganze Jahr über im Freien gehalten. Einige reiterlose Pferde grasten. Man hatte ihnen die Vorderbeine gefesselt, damit sie nicht weit weglaufen konnten.

Heike ließ ihren Blick weiter in die Ferne schweifen. Eine Grassteppe erstreckte sich weithin. Ein paar verkrüppelte Sträucher, ein paar armselige Bäume – das war alles. Nichts, woraus man erkennen konnte, wo sie sich befanden.

In der Nähe standen einige Männer und berieten sich. Sie sprachen zu leise, und die Zeitreisenden konnten kein Wort verstehen. Ab und zu sahen die Männer zu ihnen herüber.

„Sie reden todsicher über uns", bemerkte Michael. „Wahrscheinlich überlegen sie, wie sie uns am besten umbringen: erschlagen, erdolchen, vierteilen, in der Suppe kochen ..."

„Ich verstehe nicht, wie du über so etwas Witze machen kannst", fauchte Heike.

„Mach' ich doch gar nicht", gab Michael zurück. „Ich meine das alles total ernst. Jetzt werden wir übrigens gleich erfahren, was sie beschlossen haben: Der Anführer kommt herüber."

Der Mann trug einen Helm. Er war noch kleiner als die

anderen, ohne jedoch klein zu wirken, im Gegenteil. Jede seiner Bewegung verhieß Kraft und Entschlossenheit. Etwa zwei Meter vor den Zeitreisenden blieb er stehen. Zunächst sagte er kein einziges Wort. Heike hatte Zeit, ihn zu betrachten: Er hatte ausgeprägte Wangenknochen, und seine Haut sah aus wie altes braunes Leder. Die Enden seines Schnurrbarts hingen links und rechts neben dem Mund herab. Die Narben auf seinen Wangen bildeten richtige Kerben. Heike schluckte. Die Miene des Mannes war unergründlich. Es war unmöglich zu erraten, was gerade in seinem Kopf vorging.

Moorteufel winselte leise. Die Männer hatten den Hund ebenfalls gefesselt und ein Stück Leder um seine Schnauze gebunden, so daß er nicht zubeißen konnte. Moorteufel versuchte angestrengt, auf die Beine zu kommen, aber er fiel immer wieder um. Der Anblick schmerzte Thomas, aber er konnte dem Hund nicht helfen.

Professor Ambrosius faßte sich ein Herz. „Was soll mit uns geschehen? Wir haben euch nichts getan!“

Ein Lächeln huschte über das Gesicht des Anführers, aber es war nicht sehr freundlich.

„Unser Fürst pflegt normalerweise nicht zu warten, bis er angegriffen wird.“

Mit der Antwort konnte der Professor wenig anfangen. „Und wie heißt der Fürst?“ fragte er.

„Das weißt du nicht?“ Der Tonfall war beißend-ironisch. „So rate, aber nicht mehr als siebenmal.“

Professor Ambrosius kniff die Augen zusammen. „Kubilai Khan? Dschingis Khan? Diese Raterei finde ich alles andere als witzig, verflixt noch mal. Nero? Napoleon? Keine Ahnung!“

„Unser Fürst ist kein anderer als Attila.“

Professor Ambrosius erbleichte. „Attila?“

„Ich kannte mal einen Hund, der so hieß“, murmelte Michael.

Doch der Anführer hatte gute Ohren. „Du nennst unseren

Fürsten einen Hund?“ Er trat auf Michael zu. Seine Augen blitzten unheilvoll. Bevor der Junge begriff, was geschah, hatte der Anführer sein Schwert gezogen und hielt ihm die Klinge vor die Brust.

„Derjenige, der unseren Fürsten beleidigt, wird einen kurzen und schnellen Tod sterben!“

Michael schielte auf die Klinge. „Bbbitte ... nnnein! Ich hab’ bloß gemeint ... äh ...“ Er schluckte. Die Stimme versagte ihm.

„Hör’ nicht auf den Knaben, er ist dumm und unzurechnungsfähig“, brummte der Professor. „Er wurde als Baby mal zu heiß gebadet, seither redet er oft krauses Zeug.“

Michael schnappte vor Empörung nach Luft, aber die Miene des Anführers entspannte sich. Er senkte das Schwert.

„Nun gut. Für Dummheit kann man nichts. Außerdem ist es möglich, daß wir den Knaben noch brauchen.“ Er schritt langsam um die Zeitreisenden herum und berührte Thomas mit dem Schwert an der Schulter. „Dich auch. – Und dich“, er blieb vor dem Professor stehen, „ganz besonders. Auf euch wartet eine Aufgabe. Das Mädchen dagegen wird in Attilas Lager mitkommen.“

Heike protestierte. „Warum ich?“

„Weil du dich dort ganz bestimmt nützlich machen kannst.“

Heike warf trotzig den Kopf zurück. „Und wenn ich nicht will?“

„Dann werden sich bald die Wölfe an dir erfreuen.“ Die Miene des Anführers verriet, daß er es ernst mit der Drohung meinte.

Heike verstummte. Innerlich aber suchte sie nach einem Ausweg. Ihr mußte einfach etwas einfallen. Sie wollte von den anderen nicht getrennt werden!

„Kannst du reiten?“ fragte der Anführer den Professor.

„Nicht sehr gut, fürchte ich. Leider bin ich nicht besonders sportlich.“

„Dann wirst du eben zu Fuß nach Konstantinopel gehen.“

„Konstantinopel?“ Professor Ambrosius zog die Augenbrauen hoch. „Was soll ich denn dort?“

Der Anführer sah ihn schräg an. „Spar dir deine Lügen. Dein verweichlichter Körper verrät dich – keine Muskeln, schlaffe Haut! Du bist an ein faules Stadtleben gewöhnt.“

Dem Professor schoß das Blut in den Kopf. „Das ist eine Unterstellung. Ich bin nicht faul! Ich übe eine geistige Tätigkeit aus!“

Der Anführer lächelte triumphierend. „Na bitte, du gibst es zu. Es wimmelt in Konstantinopel nur so von Büchermenschen, Wissenschaftlern und frommen Leuten! Du bist einer davon. Also wirst du in deine Stadt zurückkehren und deinem Kaiser ausrichten: Attila ist nicht zufrieden mit dem Gold. Wenn dein Herrscher nicht will, daß unser Fürst die Stadt niederbrennt, dann muß er mehr Schätze herausrükken!“

„Moment mal“, sagte Professor Ambrosius nervös. „Ich verstehe nicht ganz. Du verlangst also, daß ich dem Kaiser von Konstantinopel eine Botschaft bringe?“

„Richtig. Und wenn der Herrscher nicht auf unsere Forderungen eingeht, dann kannst du ihm erzählen, was passieren wird: Wir werden die Stadt im Sturm nehmen, und kein Stein wird auf dem anderen bleiben. Wir werden rauben und morden, brennen und plündern. – Wenn dein Herrscher das will, dann braucht er sich bloß taub zu stellen.“

Der Mund des Erfinders wurde trocken. Er verspürte nicht die geringste Lust, in solche Auseinandersetzungen hineingezogen zu werden.

„Und wenn der Kaiser mir nicht zuhört?“ fragte er. „Vielleicht sind die Forderungen so unverschämt, daß er mich einen Kopf kürzer machen läßt?“

„Das ist dann dein Problem“, erklärte der Anführer gelassen.

„Na, du bist witzig. Ich bin wirklich nicht scharf darauf, ohne Kopf herumzulaufen.“ Der Professor holte tief Luft. „Bitte glaube mir, wir sind nur zufällig hier. Wir sind ohne böse Absicht gekommen, und unser sehnlichster Wunsch ist es, nach Hause zurückzukehren. Laßt uns frei! Ich bin nicht sehr gut darin, mit Herrschern zu verhandeln. Du findest sicher jemanden, der sich dazu besser eignet.“

Der Anführer verzog das Gesicht, und seine Miene wirkte mit einem Mal drohend.

„Ihr Stadtleute macht immer wieder den gleichen Fehler: Ihr haltet uns für dumm, weil wir nicht in weichen Betten schlafen wie ihr. Wir essen zwar rohes Fleisch, das wir unter unseren Sätteln mürbe geritten haben, aber deswegen sind wir nicht geisteskrank. Einer, der eine so prächtige Jurte besitzt wie du“, er machte eine Kopfbewegung zur Zeitmaschine hin, „ist wohlhabend und hat vermutlich einigen Einfluß am kaiserlichen Hof.“ Er drehte sich abrupt um und stiefelte davon.

„Ich hör’ nur immer Jurte“, murmelte Michael. „Was ist das?“

„Eine Art Zelt“, gab der Professor zur Antwort. „Offenbar hält er die Zeitmaschine nicht für ein Fahrzeug, sondern für unsere Wohnung.“ Sein Tonfall wurde nachdenklich. „Hm, Attila … Demnach sind wir also bei den Hunnen gelandet.“ Er verstummte.

„Attila, die Geißel Gottes“, sagte Heike leise.

„Ja, das ist der Name, den man ihm gegeben hat“, bestätigte der Professor. „Wie ein Sturm fegte er mit seinen Reitern durchs Land und machte alles nieder, was ihm gerade im Weg war. Die Hunnen haben überall Angst und Schrekken verbreitet. Zumindest steht es so in den Geschichtsbüchern.“

„Schöne Aussichten.“ Michael seufzte.

„Und in welcher Zeit sind wir?“ wollte Thomas wissen.

„Im fünften Jahrhundert nach Christus, nehme ich an.

Genaueres kann uns Archie sagen – falls wir den jemals wieder zum Reden bringen."

Heike zerrte an ihren Fesseln. „Ich will hier weg! Ich will nicht in Attilas Lager!" Doch die Lederriemen leisteten nach wie vor Widerstand. Heikes Handgelenke waren schon ganz wund. Sie stöhnte. Hunger, Hitze und die Aussicht auf ein ungewisses Schicksal raubten ihr jegliche Zuversicht. Sie fühlte sich elend. Niedergeschlagen ließ sie den Kopf sinken.

„Verflixt, was tun die Kerle da?" sagte der Professor plötzlich. „Sieht so aus, als wollten sie meine Zeitmaschine auseinandernehmen! Die sollen bloß die Finger davon lassen!"

Vier Hunnen umkreisten die Maschine, untersuchten die Oberfläche und rüttelten am Rahmen der Einstiegsluke. Zwei Männer warfen sich auf den Boden und nahmen die Zeitmaschine von unten in Augenschein. Dann versuchten sie zu viert, sie auf die Seite zu kippen.

„Halt, nein!" brüllte da Professor Ambrosius. „Seid ihr wahnsinnig? Laßt das Ding in Ruhe, sonst soll euch der Teufel holen!" Er ruckte so sehr an den Fesseln, daß Thomas vor Schmerz ächzte.

„Tut mir leid", entschuldigte sich der Erfinder, „ich hab' vergessen, daß du an mir festgebunden bist. – Aber wenn die Kerle die Zeitmaschine umwerfen, dann Mahlzeit! Richtet euch schon mal darauf ein, den Rest des Lebens in dieser wunderschönen Gegend zu verbringen."

Zum Glück verloren die Hunnen bald darauf das Interesse an der Zeitmaschine, denn das Essen wurde verteilt. Heike schaute mit Ekel auf das blutig-rohe Fleischstück, daß ihr ein Mann hinhielt. Sie schüttelte den Kopf und wandte sich ab. Lieber wollte sie hungern!

„Es ist ganz weich", sagte der Mann und zeigte, wie leicht sich das Stück zerreißen ließ. „Seit dem Morgengrauen lag es unter meinem Sattel. Es zergeht auf der Zunge!" Als

Heike nicht reagierte, zuckte er mit den Achseln. „Na, dann eben nicht. – Und ihr anderen?“

Auch Thomas, Michael und der Professor verspürten wenig Appetit. Der Mann warf schließlich ein Stück Fleisch vor Moorteufel ins Gras. Der Hund stürzte sich gierig darauf, konnte aber wegen des Lederverbands nicht fressen. Ein paar Hunnen lachten über seine verzweifelten Verrenkungen. Endlich erbarmte sich ein junger Mann, löste das Leder, und Moorteufel konnte das Fleisch fressen.

Es wurde Abend. Am Horizont zogen dunkle Wolken herauf und ballten sich drohend zusammen. Wind kam auf und blies Sand und Staub in ihre Gesichter.

Heike biß die Zähne aufeinander. Ihre Augen brannten. Sie hatte Durst, und ihr Magen schmerzte vor Hunger. Noch schlimmer war die bleierne Müdigkeit. Ihre Glieder waren schwer und geschwollen vom verkrampften Sitzen. Doch solange die Zeitreisenden aneinandergefesselt waren, konnten sie sich nicht zum Schlafen hinlegen.

„Die wollen uns damit mürbe machen“, murmelte Michael mit geschlossenen Augen. „Genauso mürbe wie ihr Fleisch.“ Sein Kopf sank nach vorne. Immer wieder döste der Junge für kurze Zeit ein. Traum und Wirklichkeit vermischten sich. Einmal war es Michael, als näherten sich dunkle Gestalten. Er schreckte hoch, aber es war niemand da. Ein andermal glaubte er, Wolfsgeheul zu hören, doch sobald er sich auf das Geräusch konzentrierte, wurde es leiser und erstarb. Plötzlich fühlte er warme Tropfen auf seinem Gesicht.

„Es regnet“, brummte Professor Ambrosius und blickte mißtrauisch zum Himmel, der inzwischen stockfinster geworden war. Kein Stern war zu sehen. Die Wolken schienen ganz tief zu hängen. Die Windböen wurden stärker, und mit einem Mal blitzte es. Wenig später grollte der Donner, erst leise und verhalten, dann laut und drohend.

„Ein Gewitter.“ Heike blickte sich bang um. Einmal blitzte es im Osten, dann wieder im Westen. Grell zuckten die Blitze über den Himmel. Sie waren von einer Helle, die Heike nie zuvor gesehen hatte.

Sie hörte die Pferde wiehern. Die Tiere waren unruhig und liefen durcheinander. Manche schnaubten aufgeregt, andere bäumten sich auf. Ein paar Männer, die sich zum Schlafen hingelegt hatten, standen auf, um ihre Reittiere zu beruhigen.

Ein besonders greller Blitz ließ die Gegend taghell werden. Heike sah die Silhouette einer Stute, die sich gerade wieder auf die Vorderbeine fallen ließ. Sie erkannte deutlich die zurückgelegten Ohren des Pferdes – ein Zeichen der Furcht.

‚Wenn die Tiere solche Angst haben, dann ist es schlimm', schoß es Heike durch den Kopf. ‚Pferde haben oft einen sechsten Sinn für Gefahren.'

Sie hatte den Gedanken kaum zu Ende gedacht, da fuhr ein Blitz in einen nehegelegenen Baum. Gleichzeitig dröhnte ein Donnerschlag und zerriß ihr beinahe das Trommelfell. Heike schrie vor Schreck auf. Als es das nächste Mal hell wurde, sah sie, daß der Baum von oben bis unten gespalten war.

„Mein Gott", stieß Professor Ambrosius aus, „wir können von Glück reden, daß der Blitz nicht uns oder die Zeitmaschine getroffen hat."

Die Hunnen waren sehr aufgeregt. Sie umringten respektvoll den gespaltenen Baum.

„Ein übles Vorzeichen. Wir sollten zu Attilas Lager zurückkehren und ihm von dem Einschlag berichten."

„Es war fast wie an jenem Tag, als Rugila vom Blitz getötet worden ist."

Inzwischen prasselte der Regen in Strömen herab. Die Zeitreisenden waren klatschnaß, denn sie hatten nichts, womit sie sich schützen konnten. Das Haar klebte Heike im Gesicht, der Regen rann ihr in den Kragen. Noch immer folgten Blitz auf Blitz und Donner auf Donner, aber das Schlimmste war vorüber.

„Wenn es so weiterregnet, sind wir bis morgen früh ertrunken“, sagte Michael düster.

Den Hunnen schien der Regen wenig auszumachen. Sie waren an Wind und Wetter gewöhnt. Die Zeitreisenden waren überrascht, als der Anführer herüberkam und ihnen ein paar Decken brachte.

„Sehr liebenswürdig“, bemerkte Professor Ambrosius. „Noch ein paar Minuten länger, und wir hätten uns in unsere Bestandteile aufgelöst.“

Der Anführer brummte etwas Unverständliches. Als der Erfinder nachfragte, erfuhr er, warum die Hunnen von dem Blitzschlag so schockiert waren: Vor Jahren war ihr Fürst Rugila auf seinem Pferd von einem Blitz erschlagen worden. Blitz und Donner waren Zeichen der Götter, und die Hunnen hatten sich angewöhnt, diese Zeichen zu beachten.

„Vielleicht war es ein Fehler, daß wir euch am Leben gelassen haben“, sagte der Anführer gereizt. „Möglicherweise hätten wir euch gleich töten und eure Jurte vernichten sollen. Doch warum hat der Blitz dann nicht in eure Jurte eingeschlagen?“

„Die Götter wollen offenbar, daß wir weiterleben“, entgegnete Professor Ambrosius ruhig. „Und auch unsere ... äham ... Jurte soll nicht zerstört werden.“

Der Anführer war unschlüssig, aber er wollte seine Unsicherheit nicht zeigen. Deswegen wandte er sich ab und ging zu seinen Leuten zurück.

Heikes Zähne schlugen klappernd aufeinander. Die Decke war rauh und wärmte kaum. Nässe und Kälte waren schon zu tief gedrungen, Heikes Glieder waren ganz gefühllos. Das Mädchen sehnte das Ende der schrecklichen Nacht herbei. Die Ereignisse kamen ihr wie ein unwirklicher Traum vor. Das alles konnte und durfte nicht wahr sein!

Steppenwind, der weiße Hengst

Am nächsten Morgen hatten Wind und Regen nachgelassen. Glitzernd stieg die Sonne am Horizont empor. Die Hunnen kümmerten sich um ihre Pferde, denen der nächtliche Regenguß offenbar nichts ausgemacht hatte. Die Tiere wirkten ausgeruht und frisch. Den Zeitreisenden dagegen war jämmerlich zumute.

„Was wird dieser Tag bringen?" Professor Ambrosius stöhnte. „Ich kann mich kaum noch bewegen. Ich weiß nicht, wann ich zuletzt so eine Nacht verbracht habe."

Sogar Michaels Humor war auf der Strecke geblieben. Ihm fiel keine einzige dumme Bemerkung ein, mit der er die anderen aufheitern konnte. Finster starrte der Junge vor sich hin.

Thomas krächzte. „Ich hab' einen Hals wie ein Reibeisen, schätzungsweise Angina oder so."

Heike sah ihren Freund von der Seite an. Thomas' Augen glänzten, und dunkle Schatten zeichneten sich darunter ab. Die Wangen dagegen waren gerötet.

„Du hast wahrscheinlich Fieber", stellte Heike fest.

„Ist ja auch kein Wunder. Zwar bin ich nicht gerade aus Marzipan, aber so eine nasse Nacht haut den stärksten Elefanten um." Thomas stöhnte und zerrte an den Fesseln. Seine Gelenke waren geschwollen, und die Lederriemen schnitten noch tiefer ein als zuvor.

Professor Ambrosius hustete, gähnte und blinzelte gegen die Sonne. „Sieht aus, als würde das Frühstück kommen."

Zwei Männer näherten sich mit Holzschalen, in denen eine grauweiße Flüssigkeit schwappte.

„Was für ein Gift ist das denn?" fragte Michael angewidert und wich zurück, als man ihm eine Schale an die Lippen hielt. „Ich trink' doch nicht alles!"

„Das ist Stutenmilch", erhielt er zur Antwort. „Es ist nur ein Angebot. Wir zwingen keinen."

Michael war klar, daß er ohne Nahrung nicht lange durchhalten würde. Schon jetzt fühlte er sich ganz schwach. Er nippte vorsichtig. Die Milch schmeckte eigenartig und ein wenig ranzig, aber Michael hatte schon schlimmere Sachen zu sich genommen. Er trank die Schale leer.

„Jetzt geht's mir schon ein bißchen besser", brummte Professor Ambrosius, nachdem die Männer wieder verschwunden waren. „Meine Gehirnzellen kommen langsam wieder auf Touren. Leute, wir dürfen auf keinen Fall getrennt werden. Wir müssen uns etwas ausdenken, wie wir die Kerle austricksen – und dann nichts wie ab mit der Zeitmaschine!"

„Das sagt sich so einfach." Heike seufzte. „Ich habe schon die ganze Nacht darüber nachgegrübelt, aber mir ist keine Lösung eingefallen." Sie kämpfte gegen Tränen an. „Ich will nicht in Attilas Lager geschleppt werden! Wenn schon, dann will ich lieber mit euch nach Konstantinopel gehen ..." Sie brach ab. Ihre Stimme versagte.

„Mensch, Heike", fauchte Michael. „Wie sollen wir nachdenken, wenn du heulst wie ein Schloßhund?"

„Ich heule gar nicht", schniefte Heike.

„Wir müssen um jeden Preis vermeiden, daß sich die Hunnen an der Zeitmaschine vergreifen", überlegte Professor Ambrosius. „Wenn ich die Maschine nur in die fünfte Dimension schicken könnte! Aber diesmal habe ich meine Fernbedienung nicht mitgenommen. Ich dachte ja, es sei nur ein kurzer Trip!"

„Pech", meinte Michael.

„Das kannst du laut sagen", stieß der Professor aus. „Ich hätte den Hunnen gerne gezeigt, wie sich die Zeitmaschine in Luft auflöst. Was glaubt ihr, was die für Augen gemacht hätten!"

„Wahrscheinlich hätten sie uns für Zauberer gehalten und enormen Respekt vor uns gehabt", murmelte Heike.

„Und uns freigelassen", ergänzte Michael.

„Oder uns aus lauter Angst einen Kopf kürzer gemacht", wandte Thomas ein. „Vielleicht tun sie das auch noch, wer weiß."

„Unsinn", sagte Professor Ambrosius, „die haben andere Pläne mit uns, und dazu brauchen sie uns lebend."

„Und mich nehmen sie als Geisel, damit ihr auch tut, was sie von euch verlangen." Heike konnte ihre Tränen jetzt nicht mehr zurückhalten. „Wenn es euch nicht gelingt, vom Kaiser Gold zu erpressen, dann bringen sie mich bestimmt um!"

„Die Stutenmilch schlägt sich ihr aufs Gemüt", stellte Michael trocken fest.

„Seht, die Hunnen zäumen ihre Pferde auf und satteln sie", meinte Professor Ambrosius. „Ich glaube, sie wollen bald aufbrechen. O weh, dann nimmt das Schicksal wohl seinen Lauf." Er warf einen verzweifelten Blick zur Zeitmaschine. „Wenn Archie ein wirklich *intelligenter* Computer wäre, dann würde ihm jetzt etwas einfallen! Es würde schon reichen, wenn er eine Opernarie sänge! Damit würde er die Kerle garantiert in die Flucht treiben!"

Michael knirschte mit den Zähnen. „Was sollen wir nur machen? Können wir uns nicht rote Pusteln ins Gesicht malen und behaupten, wir hätten 'ne ansteckende Krankheit?"

„Malen?" wiederholte Heike. „Wie denn? Mit zusammengebundenen Händen?"

„Es ist zu spät für irgendwelche Pläne", sagte Thomas leise. „Da kommen sie schon."

Der Anführer näherte sich mit einigen Begleitern. Sie trugen farbige Hemdblusen, darüber eine Weste aus zottigem Fell. Heike konnte die Männer kaum unterscheiden. Mit ihren mandelförmigen Augen und den undurchdringlichen Gesichtern sahen sie sich zum Verwechseln ähnlich.

Der Anführer erteilte kurze Befehle.

„Setzt den Alten und die beiden Knaben auf Pferde und bindet sie fest. Bringt sie eine Tagereise nach Süden, das mag genügen. Von dort aus können sie zu Fuß nach Konstantinopel gehen."

„Und was soll mit dem Mädchen geschehen?" fragte einer der Männer.

„Es kommt mit uns", antwortete der Anführer ohne weitere Erklärungen.

Heike schluckte. Eisige Angst kroch in ihr hoch. „Laßt mich doch bei meinen Freunden bleiben", bat sie und warf dem Anführer einen flehentlichen Blick zu. Doch dieser ließ sich nicht erbarmen.

„Du kommst mit uns", wiederholte er in einem Tonfall, der keinen Widerspruch duldete. „Wir nehmen dreierlei mit: dich, den schwarzen Hund und die silberne Jurte."

Heike biß sich auf die Lippe. Blitzschnell wägte sie alle Vor- und Nachteile ab. Offenbar beabsichtigten die Hunnen, die Zeitmaschine in Attilas Lager zu schleppen. Vielleicht bot sich ja unterwegs eine Möglichkeit zur Flucht ... Wenn sie nun so tat, als würde sie jeden Widerstand aufgeben, dann würde die Aufmerksamkeit der Hunnen vielleicht irgendwann nachlassen ... Heike sah sich schon mit der Zeitmaschine starten.

Kühne Träume! Würden sie je in Erfüllung gehen? Im Moment war Heike jedenfalls erbärmlich zumute.

„Wenn du Heike mit uns gehen läßt, fordere ich vom Kaiser den doppelten Goldpreis“, versuchte es der Professor noch einmal.

Der Anführer grinste. „Dann wird der Kaiser dir eben doppelt so schnell den Kopf abschlagen lassen.“ Er gab seinen Männern ein Zeichen. Diese zogen ihre Messer aus ihren Gürteln und durchtrennten mit raschen Schnitten die Fesseln der Gefangenen. Taumelnd standen die Zeitreisenden auf. Die Beine wollten ihnen kaum gehorchen. Am schlimmsten hatte es Thomas getroffen. Er sackte immer wieder zusammen. Selbst wenn Professor Ambrosius und seine Freunde jetzt versucht hätten zu fliehen – sie wären nicht weit gekommen.

Heike konnte Michael gerade noch zwei Sätze zuflüstern und ihm ihren Plan mitteilen. Dann führte ein Hunne bereits drei Pferde herbei.

„Wie? Da rauf?“ fragte der Professor. Das Pferd war kleinwüchsig und stämmig, aber es hatte einen wilden Ausdruck in den Augen, der dem Erfinder nicht gefiel.

„Hast du Schwierigkeiten beim Aufsteigen, Alter?“ höhnte ein Krieger. „Dann helfen wir gerne nach!“

Und mit einem Schwupp saß Professor Ambrosius oben. Sofort schnürte man ihn am Sattel fest. Michael und Thomas erging es ähnlich. Die Zügel der drei Pferde wurden zusammengebunden, und ein hunnischer Reiter führte die Tiere der Zeitreisenden an einem Seil weg.

Heike sah ihnen mit gemischten Gefühlen nach. Würden sie einander je wiedersehen? Und unter welchen Umständen?

‚Mein Plan muß einfach gelingen!‘ nahm sich das Mädchen vor. ‚Er muß!‘

Endlos dehnte sich die Steppe. Heike hockte im Sattel, und ihre Bewegungen verschmolzen mit denen des Pferdes. Zwar hatte man sie ebenfalls mit Stricken am Sattel festgebunden und das Tier wurde von einem anderen Reiter mitgeführt, aber wenigstens waren Heikes Hände frei. Lose hielt sie die Zügel und grübelte. Bestand eine innere Verbindung zwischen ihr und dem Pferd? Würde es ihr gehorchen? Ihre Reitkünste waren immerhin nicht schlecht, und auch wenn die Hunnen eine etwas andere Art hatten, die Pferde anzutreiben, so blieb das Grundprinzip doch dasselbe.

Heike warf einen Blick hinter sich zur Zeitmaschine. Sie hatte keine Ahnung, wie die Hunnen einen Wagen herbeigebracht hatten. Wahrscheinlich hatten sie einen Boten ausgeschickt. Kurz nachdem man Professor Ambrosius, Michael und Thomas weggebracht hatte, waren von Westen her mehrere hunnische Krieger aufgetaucht. Unter anderem hatten sie einen klapprigen Holzkarren bei sich.

‚Vielleicht haben sie ein Dorf überfallen und geplündert', schoß es Heike durch den Kopf.

Die Hunnen hatten die Zeitmaschine auf den Karren geladen, um sie in Attilas Lager zu transportieren. Zwei Pferde zogen den Wagen. Mehrere Reiter ritten links und rechts davon, um zu verhindern, daß die Maschine herunterkippte. Es war eine mühselige Art des Vorwärtskommens. Der rumpelnde Wagen hielt den Zug enorm auf. Immer wieder mußten die Reiter, die an der Spitze ritten, anhalten und warten.

„Ist es noch weit?" fragte Heike erschöpft, als ein Krieger an ihr vorbeiritt. Sie hatte den ganzen Tag im Sattel verbracht. Ihre Arme waren bleischwer und ihre Sitzfläche längst gefühllos. Die Beine waren wundgescheuert von der ständigen Berührung mit dem Pferdeleib und brannten wie Feuer, sobald das Tier stehenblieb.

„Wenn wir rückwärts ritten, kämen wir genauso schnell voran", war die erschöpfende Auskunft.

‚Okay, wenn er nichts sagen will, dann bitte', dachte Heike verdrossen und nahm die Zügel wieder auf. Sie hatte

Blasen an den Handflächen. Das Pferd setzte sich gehorsam in Bewegung. Heike spürte die Ungeduld des Tieres. Wahrscheinlich litt es ebenso wie sie unter dem Zuckeltempo und sehnte sich danach, mit weitausgreifenden Beinen über die Steppe zu galoppieren.

Nach einem langen Tag senkte sich endlich die Sonne, und die Reiter machten halt. Heike fiel beinahe vom Pferd. Sie konnte nur noch breitbeinig laufen, und jeder Schritt schmerzte. Der Karren stand ganz in der Nähe. Die Pferde wurden abgeschirrt, und die Zeitmaschine funkelte rötlich im Abendlicht.

‚Ich muß einen günstigen Augenblick abwarten', schoß es Heike durch den Kopf. ‚Vielleicht klappt es heute nacht, wenn die Krieger schlafen. Ob sie Wachen aufstellen?'

Das Gras war an dieser Stelle grün und saftig. In der Nähe befand sich eine Schlucht, durch die sich ein schmaler Fluß schlängelte. Einige Hunnen stiegen in die Schlucht hinab, um von einer Quelle frisches Wasser zu holen.

Heike trank gierig. Von dem langen Ritt war ihr Mund wie ausgedörrt und ihre Lippen rauh und aufgesprungen. Auch Moorteufel, der den ganzen Tag mit gefesselter Schnauze neben den Pferden hergelaufen war, war in einer jämmerlichen Verfassung.

„Du armer Kerl", sagte Heike mitleidig. Sie löste die Stricke. Moorteufel lief zur Schlucht und stillte am Fluß seinen Durst. Ein Krieger brachte Heike ein Stück Brot. Hungrig biß Heike hinein.

‚Es stammt sicher von einem Raubzug', überlegte sie. ‚Was ist wohl mit den Leuten geschehen, die das Brot gebakken haben?' Sie mochte lieber nicht daran denken.

Sie hatte schon gehofft, man werde vergessen, sie wieder zu fesseln. Doch sie hatte sich zu früh gefreut. Der Krieger, der ihr das Brot gebracht hatte, kam zurück und band ihr die Hände auf den Rücken. Bevor er sie verließ, vergewisserte er sich, daß die Stricke auch ordentlich fest saßen.

„Mist!" zischte Heike. Die Enttäuschung war groß. Wenigstens konnte sie sich am Boden ausstrecken und mußte nicht die ganze Nacht im Sitzen verbringen. Moorteufel lag neben ihr im Gras, ein flacher, langer Schatten. Die Gegenwart des Hundes war tröstlich. Er gab Heike das Gefühl, nicht ganz allein unter lauter Fremden zu sein.

Langsam wurde der Himmel dunkler. Heike betrachtete die Wolkenbilder und den roten Schimmer am Horizont. Plötzlich kam ihr eine Idee. Sie war zwar gefesselt worden, aber Moorteufel nicht! Ob der Hund ihr die Stricke durchbeißen konnte? Heikes Herz fing heftig an zu klopfen. Es mußte gelingen!

Am liebsten hätte sie ihren Plan gleich in die Tat umgesetzt, aber zu viele Hunnen waren noch wach und liefen umher. Sie mußte sich also gedulden und warten, bis auch wirklich jeder schlief. Wenn ihr Plan einmal scheiterte, würde sich bestimmt so bald keine Gelegenheit mehr ergeben. Also war es besser, auf Nummer sicher zu gehen!

Heike versuchte, sich zu entspannen. Sie dachte an den Professor und die beiden Jungen. Wie mochte es ihnen ergehen? Ob sie in Konstantinopel ihr Ziel erreichen würden? Oder würden sich ihnen riesige Hindernisse entgegenstellen? War der Auftrag am Ende lebensgefährlich?

Während sie sich allerlei schreckliche Vorstellungen ausmalte, wurde sie von der Müdigkeit übermannt und schlief ein. Die vorige Nacht fast ohne Schlaf und der anstrengende Tag im Sattel forderten ihren Preis. Dagegen konnte selbst der stärkste Wille nichts ausrichten ...

Als Heike erwachte, war es heller Tag. Sofort fiel ihr die verpaßte Chance ein. Sie biß sich ärgerlich auf die Lippen. So ein Pech!

Die Pferde waren schon wieder vor den Karren gespannt und stampften unruhig. Einige Hunnen standen mit ihrem Anführer unschlüssig herum und berieten. Es schien irgendwelche Probleme zu geben. Heike vermutete, daß sich das Gespräch um die Zeitmaschine drehte, denn immer wieder streiften die Blicke der Männer das glitzernde Gefährt.

„O weh, Moorteufel! Wenn sie nun beschließen, die Maschine kaputtzuhauen – was dann?“ murmelte Heike. Erneut machte sie sich Vorwürfe, weil sie die Gelegenheit zur Flucht einfach verschlafen hatte.

Die Hunnen dachten jedoch nicht daran, die Zeitmaschine zu zerstören, ohne daß ihr Fürst Attila sie in Augenschein genommen hatte. Aber die seltsame Jurte war lästig. Sie hinderte sie am schnellen Vorwärtskommen. Wenn sie das Ding weiter mit sich herumschleppten, würden sie erst in ein paar Wochen Attilas Lager erreichen.

Heike richtete sich bestürzt auf, als sie sah, wie die Krieger den Wagen mit der Zeitmaschine zur Schlucht brachten. Am Rand luden sie das Gefährt vorsichtig ab. Zehn Männer packten die Zeitmaschine von der Seite an und verschwanden mit ihr in der Tiefe.

Heike schloß vor Entsetzen die Augen. Ein Fehltritt und die Maschine würde im Abgrund landen!

Sie lauschte voller Panik, aber es war nichts zu hören, kein Rumpeln, kein Geschrei. Was hatten die Männer nur vor? Wenige Minuten später kamen die Hunnen ohne die Zeitmaschine zurück.

‚Haben sie die Maschine etwa ins Wasser geworfen?‘ fragte sich Heike bang. ‚Oder was haben sie sonst mit ihr gemacht?‘

Die Ungewißheit bereitete ihr große Qualen. Als die Hunnen zum Aufbruch rüsteten und Heike wieder auf ihr Pferd stieg, hielt sie es vor lauter Unruhe nicht mehr aus.

„Was ist mit der Jurte geschehen?“ fragte sie deshalb den jungen Krieger, der ihr am Abend zuvor das Brot gebracht hatte. Sie bemühte sich, ihre Stimme gleichgültig klingen zu lassen. Sie erfuhr, daß die Hunnen die Zeitmaschine in der Schlucht abgestellt hatten, um sie bei passender Gelegenheit abzuholen. Jetzt wollten sie so schnell wie möglich in Attilas Lager zurückkehren.

Heikes Gefühle waren zwiespältig. Gut, die Zeitmaschine war vorerst in Sicherheit. Gleichzeitig war ihr Fluchtplan gescheitert. Warum hatten sie nachts nur so seelenruhig geschlafen? Aber es war zu spät, Vorwürfe nützten jetzt auch nichts mehr. Niedergeschlagen ritt Heike hinter den anderen her. Mit jedem Kilometer vergrößerte sich der Abstand zwischen ihr und der Zeitmaschine. Heike nahm sich vor, sich die Gegend gut einzuprägen, damit sie notfalls den Weg zurück finden konnte. Sie merkte sich jeden einzeln stehenden Baum, jede Buschgruppe und jeden Flußlauf. Sie versuchte, das Tempo zu schätzen und wiederholte jeden Abend in ihrer Vorstellung noch einmal die Strecke, die sie tagsüber zurückgelegt hatten. Dies war auch ein gutes Mittel gegen die Verzweiflung, die sie ab und zu heimsuchen wollte.

Nach einigen Tagen sahen sie in der Ferne die Zelte von Attilas Lager. Jetzt kroch die Angst erneut in Heike hoch. Was würde mit ihr geschehen?

Die Hufe der Pferde wirbelten eine Staubwolke auf, als sie ins Lager ritten. Mit Lärm und Getöse wurden die Krieger empfangen. Von überallher stürmten Leute herbei.

„Habt ihr Beute gemacht?"

„Welche Neuigkeiten gibt es?"

„Habt ihr Verletzte oder Tote?"

Heike konnte gar nicht zählen, wie viele Zelte ringsum standen. Es waren Hunderte, vielleicht sogar tausend. Die Zelte hatten ein flaches Dach und waren rund. Doch bevor sich Heike noch genauer umschauen konnte, wurde sie vom Pferd gezerrt.

„Nur eine Gefangene?"

„Sie ist nicht einmal besonders hübsch."

„Was soll mit ihr geschehen?"

Heike wurde von allen Seiten angestarrt. Am liebsten wäre sie davongelaufen! Alles in ihr verkrampfte sich. Den Mienen nach zu urteilen, konnte sie keine Unterstützung erwarten.

„Atakam braucht eine Gehilfin", sagte plötzlich jemand.

„Etwa die da?" fragte ein anderer.

„Hast du Einwände? Seit Atakam vom Pferd gefallen ist,

kann er sich nicht mehr selbst versorgen. Er braucht jemanden, der ihn pflegt. Und du weißt ja ..." Der Rest des Satzes blieb unausgesprochen.

Die anderen begannen zu raunen. Immer wieder fiel der Name „Atakam". Heike hatte das Gefühl, daß er eine besondere Persönlichkeit sein mußte. Er war offenbar ein Mann, vor dem die Hunnen Ehrfurcht und Respekt hatten, aber der zugleich ihr Mißtrauen erregte.

Heike nahm all ihren Mut zusammen und fragte: „Wer ist Atakam?" Schweigen. Heike sah ringsum nur verschlossene Gesichter. Panik stieg in ihr hoch. Wer war Atakam? Ein gefürchteter Kämpfer? Ein Killer? Ein Henker?

Das Herz schlug ihr bis zum Hals. Die Kehle wurde ihr eng, und der Boden unter ihren Füßen wankte. Sicher würde sie gleich umfallen. Der Kreislauf machte einfach nicht mehr mit.

Endlich sagte jemand: „Atakam ist ein Zauberer und Medizinmann. Er ist unser Schamane."

Heike erschauderte, als sie die Jurte betrat. Ein übler Geruch schlug ihr entgegen. Zunächst konnte sie überhaupt nichts erkennen. Dann sah sie eine Gestalt am Boden liegen.

„Komm näher", krächzte der Schamane. Mit seiner dürren Hand winkte er Heike ans Lager. Sie zögerte.

„Los, geh schon!" Heike erhielt von hinten einen Stoß. Sie taumelte vorwärts, verlor das Gleichgewicht und landete auf dem mit Fellen und Teppichen belegten Boden. Beim Versuch, Halt zu finden, streifte sie einen glatten, rundlichen Gegenstand. Es war ein Pferdeschädel. Voller Furcht zuckte Heike zurück.

„Komm", wiederholte der Schamane. „Ich will dich ansehen."

Der Krieger, der Heike in die Jurte geführt hatte, drehte sie so, daß das Licht vom Eingang auf ihr Gesicht fiel. Heike biß sich auf die Lippen.

Die knochigen Finger des Schamanen streiften ihre Haut. Heike mußte sich sehr zusammennehmen, um die Berührung zu ertragen. Es war fast so, als versuchte der Zauberer, mit den Fingerkuppen zu sehen. War er etwa blind? Doch das konnte nicht sein. Seine Augen ruhten direkt auf ihr.

„Du bist eine Fremde“, murmelte der Schamane mit seiner brüchigen Stimme. „Du kommst von weither. Von sehr weither.“ Er stockte. „Aus einem Land hinter dem Nebel ...“

‚Der Nebel des Zeitstroms‘, schoß es Heike sofort durch den Kopf.

Der Schamane sprach weiter: „Du warst nicht allein und bist auch nicht freiwillig hier ...“

Es überlief Heike kalt. Wie unheimlich! Der Alte schien alles über sie zu wissen! Konnte er ihre Gedanken lesen wie ein Buch? Oder war es nur ein Zufall?

„Kannst du gut mit Tieren umgehen?“ fragte der Schamane unvermittelt.

„Ich ... äh ... ich glaube schon“, stotterte Heike. ‚Er hat sicher gehört, daß ich einen Hund bei mir habe‘, dachte sie.

„Es ist seltsam, wie gut du unsere Sprache sprichst“, sagte der Zauberer. „Du lernst anscheinend schnell. Ich denke, du wirst mir eine gute Gehilfin sein. – O ja, ich spüre, wie sehr du dich innerlich dagegen sträubst. Aber mit der Zeit wirst du anders denken, dessen bin ich gewiß.“ Wieder strichen seine Finger über ihr Gesicht und berührten ihr Haar. Diesmal drehte sich Heike brüsk zur Seite.

Der Schamane kicherte. „Du hast wohl Angst, daß ich dich in ein Heupferd verwandele, ja? Oder daß ich grüne Pusteln in dein Gesicht hexe?“

Zu dem Krieger sagte der Alte: „Sie kann gleich hierbleiben. Sie wird tun, was ich ihr sage. – Du kannst jetzt gehen.“

Der Krieger verneigte sich demütig und verließ die Jurte.

Heike kauerte auf einem Fell, umschlang mit ihren Armen die Knie, starrte auf den Boden und wartete bang, was weiter geschehen würde.

„Dort drüben ist dein Lager“, sagte Atakam nach einer langen Pause und deutete mit seiner knochigen Hand zur anderen Seite der Jurte. Heike blickte hinüber. Sie sah ein altes Fell und schmuddelige Decken. Ein paar Trommeln, die mit Tierhaut bespannt waren, standen daneben, zusammen mit einigen Tiegeln und Töpfen, aus denen ein ranziger Geruch stieg. Von den Zeltstangen baumelten seltsame Rasseln aus Tierknochen herab, dazwischen hingen dicke Bündel mit getrockneten Kräutern. Ein ausgestopfter Ziegenkopf jagte Heike eine Gänsehaut über den Rücken. Am liebsten wäre sie schreiend hinausgelaufen. Das hier war ja das reinste Gruselkabinett!

„Wenn du gehen willst, dann gehe ruhig“, sagte der Schamane und lachte leise vor sich hin. „Los, versuche es! Steh auf!“

Seine glitzernden Augen sahen sie unverwandt an. Es lag etwas Eigentümlichcs in seinem Blick. Heike merkte voller Entsetzen, daß sie sich nicht rühren konnte. Sie wollte die Muskeln anspannen und aufstehen, aber es war unmöglich! Eine unsichtbare Kraft drückte sie nieder.

Kalter Schweiß brach ihr aus. Verfügte der Alte tatsächlich über magische Kräfte? Odcr war es die Macht seines Blickes? Hypnotisierte er sie? Sie fühlte sich schrecklich hilflos. Was sie erlebte, war doch unmöglich!

Der Schamane schloß die Augen, und der seltsame Bann brach. Heike zitterte an allen Gliedern.

„Du siehst, Fesseln sind überflüssig“, flüsterte Atakam. „Du wirst tun, was ich dir sage.“

Heike stand auf, durchquerte die Jurte und ließ sich auf dem Fell nieder. Es kam ihr vor, als durchlebte sie einen Traum. ‚Es muß Hypnose sein‘, dachte sie. ‚Dagegen kann man sich wehren. Ich bin müde und habe Angst. Das nützt er aus. Wenn ich aufpasse, kann ich seinem Einfluß entgehen.‘

„Ich bin krank“, sagte der Schamane. „Es wird einige Wochen dauern, bis ich wieder auf den Beinen bin. Solange

wirst du mich pflegen. Deine Hände sind jung und kräftig. Du wirst mich massieren und meine Prellungen salben.“ Er drehte den Kopf und wies auf einen Tiegel, in dem sich bläulich schimmerndes Fett befand. Es war mit einer Schimmelschicht überzogen. „Du kannst gleich damit anfangen.“

„Damit?“ stotterte Heike. Der Topfinhalt sah widerlich aus, und sie schreckte davor zurück, das Fett mit bloßen Händen zu berühren. Doch ihr blieb keine andere Wahl.

„Wo soll ich Euch einreiben?“ fragte sie zaghaft.

Der Schamane streckte sein rechtes Bein unter der Decke hervor. Heike erschrak über dessen Dürre. Kaum mehr als Haut und Knochen! Die Kniescheibe ragte wie eine große Knolle hervor. Heike entdeckte den Bluterguß an der Seite. Die Stelle sah übel aus.

„Seid Ihr gestürzt?“ fragte Heike.

Der Schamane lachte, aber es war ein trockenes, böses Lachen. „Ich ritt auf einem Dämon.“

In Heikes Kopf tauchte sofort die Vorstellung auf, wie der Schamane mit dürren, ausgebreiteten Armen und wehendem Hemd durch die Luft flog. Im Hintergrund schimmerte der bleiche Mond, und der Himmel war düster von Gewitterwolken. Einen Augenblick lang bildete sich Heike ein, den Sturmwind fauchen zu hören, dazwischen gellte Gelächter.

Heike fuhr sich über die Stirn. ‚Nimm dich zusammen!‘ schalt sie sich. ‚Alles nur Einbildung! Du bist hier, in der Jurte des Schamanen. Ein alter Mann liegt am Boden, den du einreiben sollst. Das ist alles.‘

Sie tauchte ihre Finger in den Tiegel. Das Fett klumpte und ließ sich schlecht verteilen.

„Tue ich Euch weh?“ fragte Heike.

„Ich spüre keinen Schmerz, wenn ich nicht will“, entgegnete der Schamane, den Blick starr zur Decke gerichtet.

‚In Wirklichkeit beißt er bestimmt die Zähne zusammen‘, dachte Heike bei sich. Sie strich fester über die Prellung, doch der Schamane zuckte kein einziges Mal.

„Ist die Salbe gut gegen blaue Flecke?“ fragte Heike. „Welche Kräuter habt Ihr dazu verwendet?“

„Du bist wißbegierig“, murmelte der Schamane. „Ich schnitt in das Fett dreizehn verschiedene Kräuter und rieb die Knochen von vier erschlagenen Ratten hinein. Siebenmal mußte der Vollmond auf den Tiegel scheinen, und ich sprach jedesmal den Spruch der wilden Adler. Danach hatte die Salbe genügend Zauber.“

Heike verspürte das starke Bedürfnis, sich augenblicklich die Hände zu waschen. Übelkeit stieg in ihr auf. Ob die Salbe tatsächlich Heilkraft besaß? Heike hatte ihre Zweifel. Sie stellte den Tiegel zur Seite.

Der Schamane befahl ihr jetzt, seinen Rücken zu massieren und drehte sich ächzend auf die Seite. Heike knetete die faltige Haut, die lose um die Rippen schlotterte. Sie fragte sich, wann der Alptraum wohl zu Ende sei.

Schließlich war Atakam zufrieden. Mit geschlossenen Augen lag er da. ‚Ist er eingeschlafen?‘ dachte Heike hoffnungsvoll. Sie lauschte auf seine Atemzüge: ruhig und gleichmäßig.

Heike bewegte sich vorsichtig, um kein Geräusch zu machen. Zentimeter für Zentimeter zog sie sich in Richtung Zeltausgang zurück. Das Herz schlug ihr bis zum Hals. ‚Wenn ich draußen bin‘, dachte Heike, ‚muß ich mich irgendwo verstecken. Sobald es dunkel ist, nehme ich eines der Pferde und reite davon.‘

Schon hatte sie den Eingang erreicht. Vorsichtig spähte sie hinaus. Es stand niemand in unmittelbarer Nähe. Die Jurte des Schamanen befand sich ein wenig abseits von den anderen Zelten. Ungefähr in dreißig Meter Entfernung unterhielten sich einige Krieger.

Heike biß sich vor Anspannung auf die Lippen. ‚Ganz cool‘, ermahnte sie sich. Wo war die nächste Deckung? Der Strauch dort drüben ... Wenn sie Glück hatte, konnte sie dann bis zur Böschung rennen. Einen Augenblick lang kam ihr Moorteufel in den Sinn. Sie hatte keine Ahnung, wo der

Hund momentan steckte. Wenn sie fliehen wollte, dann mußte sie Moorteufel zurücklassen …

Heike kämpfte mit sich. ‚Vielleicht sehe ich ihn irgendwo im Lager', grübelte sie. ‚Oder er findet mich von selbst. Ich muß es einfach versuchen, ich muß!'

Sie spähte zu den Kriegern hinüber. Die Männer diskutierten heftig. Keiner schaute in ihre Richtung. Heike wollte losschnellen.

„Nein!" Es war ein kurzer, harter Befehl. Sie zuckte zusammen und sah gehetzt ins Zelt zurück. Der Schamane lag unverändert da und schlief. Heike war verunsichert. Sie hatte das Wort doch genau gehört? Oder?

Als sie erneut loswollte, ertönte in ihrem Kopf wieder ein klares „Nein". Nicht ihre Ohren hatten den Befehl vernommen, nein, die Stimme hatte sich einfach in ihre Gedanken geschaltet – wie ein kleiner, unsichtbarer Lautsprecher.

‚Eine Falle', schoß es Heike durch den Kopf. ‚Ich bin noch immer hypnotisiert, und er hat irgend etwas gemacht, damit ich nicht weglaufen kann – selbst wenn er schläft.'

Niedergeschlagen kroch sie ins Zelt zurück. Der Schamane rührte sich nicht. Heike betrachtete den Alten mißtrauisch. Hatte er wirklich solche Macht über sie? In ihr wuchs der Trotz. ‚Ich werde dagegen ankämpfen', nahm sie sich vor. ‚Und ich werde es schaffen!'

In dieser Nacht hatte Heike einen seltsamen Traum. Sie saß wieder auf einem Pferd und ritt mit den Hunnen durch die endlose Steppe. Doch ihr Pferd verwandelte sich plötzlich. Es wurde größer und langbeiniger. Sein Fell veränderte die Farbe und glänzte auf einmal wie weißer Schnee. Die lange Mähne wehte im Wind, und sein Lauf wurde schnell und schneller … Seine Hufe schienen die Erde kaum noch zu berühren. Es war fast so, als flöge es mit Heike durch die Luft … Was für ein herrliches Gefühl! Weiter und weiter griffen die Hufe aus, sie ließ alle anderen Pferde hinter sich, sie ritt den Hunnen einfach davon …

Doch plötzlich stoppte das weiße Pferd seinen Lauf, bukkelte und beugte den Hals. Heike rutschte aus dem Sattel, segelte durch die Luft und knallte mit voller Wucht auf den Boden. Der Aufprall war so heftig, daß alle Luft aus ihren Lungen gepreßt wurde. Sie lag da und rang nach Atem, während das Pferd neben ihr triumphierend wieherte ...

Heike kam zu sich. Sie fuhr schweißgebadet von ihrem Lager hoch. Es dauerte eine Weile, bis sie begriff, daß sie nur geträumt hatte. Ihre Glieder schmerzten, als sei sie wirklich vom Pferd gestürzt, und das schrille Wiehern klang noch in ihren Ohren nach. Heike zitterte am ganzen Leib.

Da war das Wiehern wieder! War sie verrückt? Konnte sie Traum und Wirklichkeit nicht mehr voneinander unterscheiden? Dann aber merkte Heike, daß es kein Wiehern war, sondern ein Kichern. Es kam von der anderen Seite der Jurte. Der Schamane war ebenfalls wach und hatte sich aufgesetzt. Heike erkannte den dunklen Schatten seiner Gestalt.

„Jetzt weißt du, wie es ist, einen Dämon zu reiten! Teufelsbiest, verfluchtes! Ich würde dir nicht raten, dich mit ihm anzulegen, sonst ergeht es dir nicht besser als mir." Er japste vor Vergnügen.

„Habt Ihr mir den Traum geschickt?" fragte Heike böse.

„Geschickt?" Der Schamane kicherte wieder. „Du hast ihn dir höchstens selbst geholt."

Mit einem Mal begriff Heike. „Der Dämon, von dem Ihr gefallen seid, war also ein Pferd."

„Richtig. Ein weißer Hengst!" Der Schamane spuckte verächtlich auf den Boden. „Er stammt aus Konstantinopel. Der Kaiser Theodosius hat ihn unserem Fürsten geschenkt, damit er die Stadt verschone ... Und dieses Biest ist schuld, daß ich mir fast die Knochen gebrochen habe und hier liegen muß! Aber ich sage dir: Sobald ich wieder aufstehen kann, werde ich mir den Gaul vorknöpfen, und wehe! Ich werde ihm das Fürchten lehren! In einem Monat wird er zahm sein wie ein neugeborenes Lämmchen!"

Eine heimliche Freundschaft

Heike fand das neue Leben unerträglich. In der ersten Zeit durfte sie kaum die Jurte des Schamanen verlassen und verbrachte den ganzen Tag im miefigen, stickigen Halbdunkel des Zeltes. Atakam hatte tausend Wünsche: Sie mußte ihm Umschläge machen, einen besonderen Brei kochen oder eine neue Salbe zusammenrühren. Sie mußte seine Beine oder seinen Rücken massieren und den Schamanen stützen, wenn dieser sich aufrichten wollte. Sie mußte Zaubersprüche nachsagen und Beschwörungsformeln murmeln. Am schlimmsten aber war es, daß Heike die ganze Zeit das Gefühl hatte, Atakam kontrolliere ihre Gedanken und ihren Willen.

Es war eine Gefangenschaft besonderer Art. Nachts lag

Heike häufig wach und erinnerte sich daran, wie sie mit den Hunnen über die Steppe geritten war. Auch da war sie nicht frei gewesen – aber kein Vergleich zu dem, was sie jetzt erlebte! Damals hatte ihr der Wind um die Nase geweht, sie hatte die Sonne gespürt und gesehen, wie sich die Landschaft veränderte. Jetzt vergingen die Tage in schrecklicher Eintönigkeit. Heike wurde immer mürrischer und niedergeschlagener. Zwar hatte sie ihren Fluchtplan nicht aufgegeben, doch glaubte sie kaum noch an ein Gelingen. Wer weiß, wann sich eine Chance bot! Bis dahin war sie vielleicht krank oder gar tot! Von Tag zu Tag fühlte sie sich elender.

Dem Schamanen entging die Veränderung des Mädchens nicht. „Dein Herz ist schwer wie ein Klumpen Lehm. In deinen Augen schimmert kein Glanz. Deine Schritte sind klein und verkrampft.“ Er blickte sie forschend an. Heike drehte den Kopf weg. Sie mochte es nicht, wenn er sie so anstarrte. Sie hatte dann den Eindruck, daß ihre Seele für ihn offenlag.

„Du haßt diese Jurte, nicht wahr? Dort, wo du herkommst, leben die Frauen und Mädchen wohl nicht in Zelten?“

„Sie wohnen in Häusern“, entgegnete Heike mit abgewandtem Gesicht. Trotzig fügte sie hinzu: „Die Frauen sind aber nicht eingesperrt wie hier. Sie können gehen, wohin sie wollen, und das tun, wozu sie gerade Lust haben.“

Atakam sagte nichts. Heike war überzeugt, daß er ihren Worten einfach keine Bedeutung beimaß.

Doch am Nachmittag wollte der Schamane zum ersten Mal aufstehen. Heike mußte ihn hochziehen. Ächzend und stöhnend kam er Millimeter für Millimeter hoch. Seine Beine waren dürr wie zwei Stecken und sahen nicht so aus, als würden sie den restlichen Körper tragen. Atakam stützte sich schwer auf Heike. Schleppend bewegte er sich vorwärts. Gemeinsam verließen sie die Jurte, und diesmal spürte Heike keine unsichtbare Sperre.

„Wohin gehen wir?“ fragte das Mädchen.

„Das wirst du gleich sehen“, antwortete Atakam.

Sie durchquerten das Lager. Die Hunnen grüßten den Schamanen teils freudig, teils voller Ehrfurcht.

„Willst du zu Attila und ihm mitteilen, daß du deinen Dienst wieder aufnehmen kannst?“ fragte ein Krieger.

Der Schamane verneinte. „Ich will sehen, ob das Teufelsbiest noch lebt, dem ich diese Schmerzen zu verdanken habe!“

In einer kleinen Senke grasten die Pferde. Bei ihrem Anblick weitete sich Heikes Herz, und sie vergaß einen Moment lang, daß sie eine Gefangene war. Was für herrliche Tiere! Sie gehörten zwar keiner besonders edlen Rasse an, sondern waren klein und stämmig. Doch ihr Zusammenspiel war von einer Natürlichkeit und Schönheit und vermittelte den Eindruck von Freiheit und Ungezähmtheit. Aber Atakam blieb nicht stehen, sondern humpelte weiter. Etwas abseits befand sich eine Koppel. Heike vernahm schon von fern ein schrilles Wiehern. Wenig später sah sie das Pferd. Es stand im Schatten eines Baumes, halb verdeckt von Laub und Zweigen. Ein abgerissener, ausgefranster Strick hing um seinen Hals. Das Fell war schmutzverkrustet, trotzdem erkannte Heike seine schimmernde Helle. Ihr stockte der Atem. Welch ein phantastisches Pferd! Als der Hengst die Ankömmlinge sah, legte er sofort die Ohren zurück und rollte die Augen. Er schnaubte heftig.

Der Schamane hob drohend die Faust. „Heimtückisches Biest, verfluchtes! Denkst wohl, du hast mich kleingekriegt, wie? O ich weiß, insgeheim wünschst du, mich mit deinen Hufen zu zertrampeln. Das wäre dir neulich auch fast gelungen. Aber nur fast, mein Freund!“

Der Hengst stampfte mit den Hufen. Sein Kopf war edel und schmal, die Mähne lang und zerzaust. Sein Schweif berührte fast den Boden. Das Tier war viel größer als die anderen Pferde, die Heike bei den Hunnen gesehen hatte.

„Es ist ein Geschenk aus Konstantinopel“, sagte Atakam, als hätte er Heikes Gedanken gelesen. „Außen Schönheit, innen Tod und Verderben.“ Er lachte bitter. „Ein Dämon in Pferdegestalt.“

Heike glaubte nicht, daß ein Tier durch und durch böse sein konnte. Daß zwischen dem Hengst und dem Schamanen Feindschaft herrschte, sah man allerdings auf den ersten Blick. Sicher war zwischen den beiden einiges vorgefallen. Vielleicht hatte der Schamane das Pferd geschlagen. Möglicherweise hatte er gewaltsam versucht, seinen Willen zu brechen. Haß hatte immer einen Grund.

„Komm her, du Räuber!“ befahl der Schamane in schneidendem Tonfall. Das Pferd blieb starr wie eine Salzsäule an seinem Platz stehen. Die Ohren waren zurückgelegt.

„Du sollst kommen!“ wiederholte Atakam, diesmal leise und eindringlich. Seine Stimme löste bei Heike eine Gänsehaut aus. Es war offenbar ein Bannspruch. Würde er bei dem Hengst wirken? Ein Zittern lief über den Pferdeleib. Heike sah, wie das Tier die Hufe in den Boden stemmte.

„Komm!“ flüsterte der Schamane. Er ließ keinen Blick von dem Hengst.

Das Pferd wieherte. Der Tonfall ging Heike durch und durch. Es war der Laut eines Tieres, das sich in höchster Qual befand.

„Komm … komm …“

Der Widerstand des Hengstes brach. Mit steifen Beinen bewegte er sich auf den Schamanen zu. Es war eine vollkommen unnatürliche Gangart. Jeder Schritt fand gegen den Willen des Tieres statt. Heike litt innerlich mit. Sie ballte die freie Hand zu einer Faust. Wahrscheinlich drückte sie auch unwillkürlich mit der anderen zu, denn der Schamane wandte den Kopf und herrschte sie an: „Was krallst du so? Willst du mir das Blut abschnüren?“

„Entschuldigung“, murmelte Heike und wurde knallrot.

In diesem Augenblick brach der Bann zwischen Atakam und dem Hengst. Das Pferd stieg auf die Hinterhand und stieß ein schrilles Wiehern aus. Dann kehrte es um und galoppierte zum anderen Ende der Koppel.

Der Schamane versetzte Heike wütend einen Stoß. „Du bist schuld, daß ich mich nicht genug konzentriert habe! Tu das nicht noch einmal!“

Heike stürzte ins Gras. Sie konnte sich gerade noch mit den Händen abfangen. Wut stieg in ihr auf, gleichzeitig aber auch ein Triumphgefühl. ‚Ich habe Macht‘, schoß es ihr durch den Kopf. ‚Er ist nicht unfehlbar!‘

Der Schamane wankte. Ohne Stütze stand er noch nicht sehr fest auf den Beinen. „Hilf mir!“ keifte er. „Halte mich!“

Heike rappelte sich auf und bemühte sich, ein zerknirschtes Gesicht zu machen. Sie faßte den Schamanen wieder um seinen dürren Oberarm und spürte dessen Knochen.

‚Er ist unglaublich mager‘, dachte sie. ‚Doch jeder Zentimeter steckt voller Willen und Energie. Er ist stark – aber ich bin es auch.‘

Der Schamane warf noch einmal einen finsteren Blick auf den Hengst, aber er unternahm keinen weiteren Versuch, das Tier zu bannen.

„Los, laß uns zurückgehen.“

Heike wäre gerne geblieben, einfach nur, um den Hengst zu betrachten. Für sie war das Tier ein scheues, verschrecktes Wesen, das schlimme Erfahrungen gemacht hatte. Vielleicht würde es mit Geduld und Liebe gelingen, sein Vertrauen zu gewinnen. Doch der Schamane drängte, und Heike mußte mit ihm in die dunkle, stickige Jurte zurückkehren.

Der Gedanke an den Hengst ließ Heike nicht mehr los. Zum einen war es Mitleid mit dem herrlichen Tier, zum anderen tauchte plötzlich ein kühner Plan in ihrem Gehirn auf und setzte sich dort fest: Vielleicht gelang es ihr, den Hengst heimlich zu zähmen! Die Hunnen mußten weiterhin glauben, daß sich das Pferd nicht reiten ließ, und sie konnte mit dem Tier fliehen …

Es war ein abenteuerliches Unternehmen.

Manchmal glaubte Heike, daß die Sache total aussichtslos

sei. Wann kam sie schon einmal aus der Jurte heraus und konnte sich mit dem Hengst beschäftigen? Noch dazu ungestört?

Doch sie sah das Tier bereits am nächsten Tag wieder. Atakam hatte es sich nämlich in den Kopf gesetzt, den Willen des Pferdes so bald wie möglich zu brechen.

Diesmal lehnte sich der Schamane an einen Holzpfosten und befahl Heike, sich etwas abseits zu halten.

„Damit du mich nicht wieder störst!"

Es begann das gleiche grausame Spiel wie am Vortag. Der Hengst bewegte sich stockend auf den Schamanen zu. Die Ohren waren steil nach hinten gelegt, und in den Augen blitzte das Weiße. Man brauchte kein Pferdekenner zu sein, um zu sehen, wie groß die Abneigung des Hengstes gegen Atakam war.

‚Es ist fast so, als würden beide an einem unsichtbaren Tau ziehen', dachte Heike. Manchmal schienen sie gleichstark zu sein. Dann blieb der Hengst stehen. Seine Flanken zitterten vor Anspannung. Die Nüstern waren weit gebläht. Der Schamane hielt sich krampfhaft an dem Holzpfosten fest, ohne den Blick auch nur eine Sekunde von dem Hengst zu lösen. Dann machte das Pferd wieder einen Schritt vorwärts.

Es war schrecklich.

‚Gib nicht auf, Steppenwind', dachte Heike eindringlich. ‚Du bist stärker als er, du hast ihn schon einmal abgeworfen. Er kann dich nicht unterwerfen, er *kann* nicht!"

Der Hengst machte einen weiteren Schritt auf den Schamanen zu. In Heike krampfte sich alles zusammen. Sie mußte etwas tun. Wie konnte sie das Tier von dem schrecklichen Bann befreien? Sie stieß einen fürchterlichen Schrei aus.

Der Schamane wandte den Kopf. Diese Ablenkung genügte. Der Hengst bäumte sich auf und stob davon, als sei der Teufel hinter ihm her. Atakam aber hob die Faust und stieß Verwünschungen gegen Heike aus.

„Was fällt dir ein?"

„Ich hatte einen Krampf im Bein", log Heike. Es war ihr egal, ob Atakam ihr glaubte oder nicht. Hauptsache, der Trick hatte funktioniert!

Der Schamane blickte nun Heike an und murmelte ein paar Worte. Danach humpelte er schwerfällig davon, ohne daß er ihr befahl, ihn zu stützen.

Heikes Herz klopfte bis zum Hals. Welchen Zauber, welchen Bannspruch hatte er über sie geworfen? Angst stieg in ihr auf. Zuerst war sie überzeugt, sich nicht rühren zu können. Doch dann gewann die Vernunft die Oberhand.

„Unsinn", sagte sie sich. „Ich *will* mich bewegen, also *kann* ich." Es gelang tatsächlich. Ihre Verkrampfungen lösten sich. Heike atmete auf. Sie war fähig, sich dem Einfluß des Schamanen zu entziehen!

Was nun? Jetzt war sie frei, zumindest für den Moment. Sollte sie Hals über Kopf fliehen? Den Weg zur Zeitmaschine zurück glaubte sie noch zu wissen. Aber wie sollte sie in der Steppe überleben, ohne Vorräte, ohne Wasser?

Sofort überfiel Heike die alte Niedergeschlagenheit. Eine Flucht mußte sorgfältig vorbereitet werden, sonst war sie sinnlos und bedeutete den sicheren Tod. Außerdem war es heller Tag, und es war unmöglich, unbemerkt ein Pferd zu entwenden.

Ratlos schaute Heike zu dem Hengst hinüber. Steppenwind stand in der Ecke. Für jemanden, der flüchtig hinsah, war es nur ein grasendes Pferd, aber Heike erkannte die Anspannung des Tieres an den zuckenden Ohren.

„Steppenwind", lockte sie leise. Sie bemühte sich, ihre Stimme liebevoll und zärtlich klingen zu lassen. „Steppenwind!" Ob das Pferd reagierte?

Es machte erschrocken einen Sprung rückwärts und legte die Ohren zurück. Heike verstummte. Sie fühlte tiefes Mitleid. Was hatte das Tier erlebt, daß es dermaßen verstört war?

‚Nie wird es dir gelingen, sein Vertrauen zu gewinnen',

sagte eine Stimme in ihrem Kopf. „Doch, es wird“, murmelte Heike energisch. „Mit viel Geduld läßt es sich erreichen. Steppenwind wird begreifen, daß ich es gut mit ihm meine.“

Sie rief den Hengst noch einmal bei seinem Namen. Diesmal erschrak das Pferd nicht. Es bewegte nur sachte den Kopf.

Heike versuchte es ein drittes Mal. Das Pferd spitzte ganz deutlich die Ohren. Es blieb jedoch stocksteif auf der Stelle stehen und tat so, als nehme es von dem Mädchen keinerlei Notiz. Heike schluckte und bemühte sich, keine Enttäuschung hochkommen zu lassen. Zuviel durfte man anfangs nicht erwarten. Daß der Hengst nicht mehr feindselig auf seinen Namen reagierte, bedeutete immerhin schon einen Fortschritt. Und das Ohrenspitzen war ein Zeichen von Aufmerksamkeit.

Heike rupfte eine Handvoll Gras ab und versuchte, das Pferd damit herbeizulocken. Doch der Hengst am anderen Ende der Koppel ignorierte sie völlig. Er drehte ihr sogar seine Kehrseite zu. Heike entschied, daß es für heute genügte. Sie durfte das Tier nicht überfordern, sonst machte sie am Ende alles Erreichte wieder zunichte.

Unschlüssig ging sie ins Lager zurück und bemühte sich, dabei so viele Informationen wie möglich aufzunehmen. Dort drüben war die Stelle, an der die Pferde immer zur Tränke gingen. In jener Jurte wohnte der Sattler mit seiner großen Familie. Er stellte das Lederzeug für die Pferde her. Heike kniff die Augen zusammen. Ganz weit hinten befand sich das Zelt des Fürsten. Bisher war sie noch nicht in Attilas Nähe gekommen. Sie glaubte auch nicht, daß er sie freilassen würde.

Ein paar Kinder liefen umher und starrten sie mit großen Augen an. Heike sah auch einige Frauen, die sich aber sofort wieder in ihre Jurten zurückzogen. Heike biß sich auf die Lippen. Ob sie eine Komplizin finden würde, die ihr zur Flucht verhalf?

Jemand packte sie heftig am Arm. Heike blickte in das Gesicht eines Kriegers.

„Atakam wartet auf dich", herrschte er sie an. „Was treibst du dich hier herum?"

Er führte sie in die Jurte des Schamanen zurück.

In den folgenden Tagen besuchte Atakam noch zwei- oder dreimal den Hengst. Der Haß des Pferdes auf den Schamanen war unvermindert. Vielleicht war er sogar noch größer geworden. Sobald Steppenwind Atakam sah, jagte er quer über die Koppel und wieherte schrill. Atakam empfand das Verhalten des Tieres als eine Herausforderung. Mehr denn je wünschte er, den Willen des Hengstes zu brechen. Jedesmal erprobte der Schamane die Macht seiner Gedanken, und einmal gelang es ihm, Steppenwind damit in die Knie zu zwingen. Heike konnte kaum zusehen. Wie von einem unsichtbaren Dämon wurde der Hengst auf den Boden gedrückt. Atakam stand an der Seite, seine Augen waren bis auf einen schmalen Spalt geschlossen. Der Hengst knickte zuerst mit den Vorderhufen ein. Dann lag er auf dem Boden, und der Kopf sank schwer nach vorne. Es war, als würde sich das Pferd in aller Demut vor Atakam verbeugen.

„Na also", murmelte der Schamane. Aus seiner Stimme klang Triumph. Sein Gesicht war schweißüberströmt, soviel Kraft hatte ihn die Konzentration gekostet. „Hab' ich dich alten Klepper doch kleingekriegt. Den Staub sollst du fressen, du Halunke!" Er drehte sich um und schlurfte davon, ohne sich um das Pferd oder um Heike zu kümmern.

Der Hengst erwachte aus seiner Betäubung. Langsam hob er den Kopf. Seine Augen schimmerten glasig. Es war, als müßte er aus weiter Ferne in die Gegenwart zurückkehren. Schwerfällig kam er dann auf die Beine. Die Flanken waren schaumbedeckt. Mit gesenktem Kopf stand er da, matt, kraftlos, so als sei jegliche Energie aus seinem Körper gewichen. Es war ein Bild des Jammers. Heikes Herz schnürte sich zusammen. Tränen traten ihr in die Augen.

„Steppenwind", stieß sie aus. Ihre Stimme war nur ein Flüstern. „Was hat er mit dir gemacht?"

Ohne zu überlegen, kletterte sie in den Pferch. Sie verschwendete keinen Gedanken an die todbringenden Hufe des Hengstes. Schon stand sie neben dem Tier und streichelte seinen zitternden Hals. Der Hengst zuckte bei der Berührung zusammen. Er warf den Kopf hoch und schnaubte. Jetzt erst wurde sich Heike der Gefahr bewußt, in der sie sich befand. Nein, für Angst war kein Platz! Das Pferd neben ihr benötigte Vertrauen und Zuneigung. Es mußte einfach spüren, daß Heike es gut mit ihm meinte.

Sie streichelte weiter und redete dabei unablässig auf den Hengst ein, leise und liebevoll.

„Ganz ruhig ... Du brauchst dich nicht vor mir zu fürchten", murmelte sie. „Ich tu' dir nichts. Ich will dich zu nichts zwingen. Vertrau' mir!"

Heike spürte, wie unter dem Fell die Muskeln zuckten und sich der Hengst bei ihrer Berührung verkrampfte. Doch er spitzte immerhin die Ohren. Heike sprach weiter, erzählte ihm von der Schönheit der Steppe, und wie herrlich es sei, frei und ungezwungen durch die Landschaft zu galoppieren. Es waren keine besonders sinnvollen Sätze, doch darauf kam es nicht an. Wichtig war allein der Tonfall, die Stimme.

Und ihre Bemühungen hatten Erfolg! Der Hengst entspannte sich zusehens. Heike tat schon der Arm vom Streicheln weh, aber sie durfte jetzt nicht nachlassen. Wie groß das Pferd war! Welch herrliches Fell es hatte! Wenn man Schmutz und Staub daraus entfernte, war es reinweiß wie frischgefallener Schnee!

Doch in diesem Augenblick näherten sich einige Hunnen. Sofort versteifte sich der Hengst, warf ruckartig den Kopf zurück, wieherte schrill und galoppierte so heftig durch den Pferch, daß Staub aufwirbelte. Heike begann zu husten. Mit brennenden Augen kletterte sie übers Gatter – enttäuscht über die Störung, doch auch beglückt über das, was sie erreicht hatte.

„Tod“, murmelte der Schamane mit geschlossenen Augen. Er kauerte mit gekreuzten Beinen vor dem Feuer, in das er eine Handvoll Kräuter geworfen hatte. Beißender Qualm stieg auf. Atakam sog den Rauch geräuschvoll ein. Heike wußte nicht, um welche Kräuter es sich handelte, aber der Geruch war so scharf und stechend, daß ihr davon ganz wirr im Kopf wurde.

Der Schamane war in Trance gefallen.

„Vergangenheit und Zukunft sind eins ... der weiße Strom der Zeit ... Nebel ... Grenzen werden überwunden ...“

Eine Gänsehaut kroch über Heikes Rücken. Der Schamane sprach von dem Zeitstrom! Ob er in seinen Visionen auch die Zeitmaschine sah? Wußte er von ihren Fluchtplänen? Konnte er tatsächlich in die Zukunft sehen?

Heike krampfte die Hände zusammen. Diese Dinge waren so unheimlich und mit dem Verstand nicht zu erfassen! Am liebsten wäre sie aufgesprungen und davongelaufen, aber dies würde die Zeremonie stören und vielleicht böse Folgen haben. So kauerte sie unbeweglich am Feuer, während der Widerschein der Flammen über ihr Gesicht zuckte.

„Tod“, wiederholte der Schamane. „Ich sehe Verderben ...“ Er fuchtelte mit den Händen in der Luft herum, so als wolle er das Unheil greifen. „Es kommt ... kommt von Konstantinopel ... Mord ... jemand soll getötet werden ... unser Fürst ...“

Er riß die Augen auf, mit einem Mal hellwach. „Attila.“ Seine Brauen schnellten hoch. „Attila! Er ist in Gefahr!“

Jetzt erst nahm der Schamane Heike wahr. Er streckte ihr die Hände entgegen. „Los, zieh’ mich auf!“ befahl er.

Heike stand selbst auf und faßte nach seinen dürren Fingern. Es war fast, als klammere sich ein Gespenst an sie. In diesem Augenblick kam es ihr völlig unwirklich vor, daß sie in einer fremden Zeit in Gefangenschaft lebte. Vielleicht war alles nur ein böser Traum, aus dem sie jeden Moment erwachen konnte ...

„Komm mit“, knurrte der Schamane. „Ich muß den Fürsten benachrichtigen. Die Bilder, die ich gesehen habe, sind sehr wichtig. Sie waren eine Warnung, die unser Volk betrifft.“ Er zerrte ungeduldig an Heikes Ärmel. „Los! Hilf mir gefälligst! Kannst du nicht schneller machen?“

Heike gab sich alle Mühe. Der Schamane stützte sich schwer auf sie. Gemeinsam verließen sie die Jurte. Es war Nacht. Der fast volle Mond stand hell und klar am Himmel.

Ihre Gestalten warfen im Mondlicht lange Schatten: Heikes hagerer Körper und die verkrüppelte, gebeugte Figur des Schamanen. Mit ruckartig tänzelnden Bewegungen begleiteten die flachen Abbilder sie durchs Lager, verschwanden im Schatten der Jurten und tauchten wieder auf. Heike schwitzte. Schweißperlen bildeten sich auf ihrer Stirn und erkalteten dort.

Im Lager war es ruhig. Die meisten Hunnen schliefen. Nur ein paar Hirten wachten. Einmal schrie irgendwo eine Frau. Heike stockte. „Was war das?“

„Sie kriegt ein Kind, was sonst?“ brummte der Schamane. „Wenn es schlimmer wird, wird man mich rufen, damit ich ihren Schmerz betäube. – Weiter!“

Jetzt in der Nacht kam Heike das Lager riesig vor. Waren sie nicht schon Kilometer gegangen? Sie war völlig naßgeschwitzt. Ihr Arm, auf den sich Atakam stützte, war steif und schmerzte. Lang konnte sie es nicht mehr ertragen! Sie hatte das Gefühl, gleich zusammenzubrechen. Doch da war schon die Umzäunung, die den Bereich des Fürsten ankündigte.

Atakam machte sich abrupt los.

„Du wartest hier auf mich“, herrschte er sie an. „Ich werde zurück sein, bevor der Mond untergeht. Du rührst dich nicht von der Stelle, verstanden?“

Atakam verschwand in der Dunkelheit.

Heike fröstelte. In ihren Ohren klangen noch immer die Worte, die der Schamane unterwegs unablässig vor sich hingesagt hatte.

„Verrat … ein Mordkomplott … Attila soll sterben …“

‚Ich muß von hier weg', dachte Heike voller Inbrunst. ‚Ich muß zur Zeitmaschine zurück und das Ding irgendwie flottkriegen. Archie wird mir helfen, die anderen zu finden.'

In den letzten Tagen hatte sie bereits Vorbereitungen für die Flucht getroffen. Sie hatte ein paar Vorräte beiseite geschafft und in einem Beutel verstaut, den Atakam ursprünglich zum Kräutersammeln verwendet hatte. Den Beutel versteckte Heike zwischen ihrem Lager und der Jurtenwand. Auch war es ihr gelungen, einen Lederschlauch zu entwenden, denn auf ihrer Flucht würde sie auch Wasser brauchen. Ein schartiges Schwert, das sie hinter der Pferdekoppel gefunden hatte, gehörte ebenfalls zu ihrer Ausrüstung.

Fehlten noch Zaumzeug und Sattel! Heike biß sich auf die Lippen. War Steppenwind schon so weit, daß er sich reiten ließ? Oder würde sie mit dem Versuch jegliches Vertrauen zerstören, das sie sich so mühsam erworben hatte?

Der Hengst reagierte inzwischen auf ihren Zuruf und kam an den Zaun getrabt – vorausgesetzt, es war kein anderer Mensch in der Nähe. Heike hatte immer ein paar Leckerbissen für ihn: eine Handvoll saftiges Gras oder einen Kanten trockenes Brot, manchmal auch eine eßbare Wurzel. Behutsam nahm Steppenwind das Futter von ihrer flachen Hand. Die Lippen des Hengstes waren samtweich und kitzelten. Er duldete unterdessen auch, daß Heike seinen Kopf streichelte. Einmal pustete er ihr sogar übermütig ins Haar – ein Zeichen seiner Zuneigung.

Aber Heike hatte noch nie versucht, den Hengst zu reiten. Sie fürchtete sich nicht davor, im Staub zu landen, denn sie war gelenkig und wußte zu fallen. Nein, sie hatte Angst, daß Steppenwind sich dann wieder daran erinnern würde, was der Schamane mit ihm getan hatte. Vielleicht würde dies alle Anstrengungen zunichte machen. Sie hatte ja keine Ahnung, ob der Hengst überhaupt zugeritten war und einen Sattel auf seinem Rücken ertragen konnte.

Atakam hatte bisher jedenfalls keinen zweiten Versuch unternommen, Steppenwind zu reiten. Nachdem es dem

Schamanen gelungen war, den Hengst in die Knie zu zwingen, schien er das Interesse an dem Tier vorerst verloren zu haben. Mit zunehmender Gesundheit warteten auch andere Aufgaben auf ihn. Er mußte seine Funktion als Heiler ausüben. Oft kamen Leute zu ihm, denen er das Orakel stellen mußte, beispielsweise, ob das nächste Kind ein Junge oder ein Mädchen sein würde. Einige fragten, ob sie im Kampf oder an einer Krankheit sterben würden. Heike wußte nie, was sie von den Weissagungen halten sollte. Waren sie Humbug oder Wahrheit? Zu gerne hätte sie Atakam nach dem Professor, ihrem Bruder und Thomas gefragt. Lebten sie noch? Was war mit ihnen geschehen? Doch Heike wagte es nicht. Vermutlich hätte der Schamane dann nachgebohrt und Erkundungen angestellt.

Einmal – in Atakams Abwesenheit – hatte Heike selbst das Orakel geworfen. Dazu benutzte sie die Schulterknochen von Rindern und warf sie ins Feuer, genau, wie sie es oft bei dem Schamanen gesehen hatte. Doch aus dem Gewirr von Linien konnte sie keine Schlüsse ziehen. Heimlich vergrub Heike die Knochen, damit Atakam nichts merkte.

Während das Mädchen an all diese Dinge dachte, heulte in der Ferne ein Wolf. Es klang hohl und unheimlich. Die Pferde der Hunnen reagierten sofort und wieherten voller Angst. Ein Schaudern überlief Heike, und sie begann, an ihren Fluchtplänen zu zweifeln. Selbst wenn es ihr gelang, unbemerkt aus dem Lager zu entkommen, was würde sich unterwegs ereignen? Würden die Hunnen sie verfolgen? Würde Heike Wölfen begegnen? Vielleicht würde sie auch von Räubern überfallen werden!

Genug! Heike fing an, mit sich selbst zu schimpfen. „Jetzt mach' dir bloß nicht in die Hose!“ Sie mußte zur Zeitmaschine zurückkehren. Weder Professor Ambrosius noch Michael oder Thomas wußten, wo sich die Maschine befand. Sie war die einzige, die die Zeitmaschine holen konnte! Wenn sie ins Zwanzigste Jahrhundert zurückkehren wollten, dann mußte sie handeln!

Wieder heulte der Wolf. Unheimlich! Heike blickte zum Mond. In der nächsten Nacht würde er ganz rund sein.

‚Morgen nacht werde ich es versuchen', nahm sich Heike vor. ‚Ich darf die Flucht nicht länger aufschieben. Wenn der Mond scheint, ist es hell genug zum Reiten. Bis die anderen meine Flucht bemerken, bin ich meilenweit weg. Das ist meine Chance.'

Ein Schatten drängte sich an ihre Seite. Heike zuckte zuerst erschrocken zusammen, dann fühlte sie eine wohlbekannte Schnauze.

„Moorteufel!" Sie beugte sich nieder und liebkoste den Hund. „Schön, daß du da bist. Morgen nacht ist es soweit, hörst du?" Moorteufel winselte leise und wedelte mit dem Schwanz. Tagsüber lief der Labrador frei im Lager herum. Weil er sich gut verhielt und niemanden störte, hatte man ihm schon seit geraumer Zeit die Schnauze nicht mehr zugebunden.

Heike zauste sein Fell. „Morgen nacht", wiederholte sie. „Ich werde leise nach dir pfeifen. Hoffentlich bist du in der Nähe!" Da sie Schritte hörte, ließ sie den Hund rasch los. Moorteufel huschte davon. Sein schwarzes Fell verschmolz mit der Dunkelheit.

Der Schamane schnarchte. Heike strich behutsam mit einer Feder über sein Gesicht. Vor lauter Spannung hielt sie den Atem an. Würde Atakam erwachen? Sie hatte heimlich Mohn in seinen Abendtrunk gemischt und hoffte, daß der Schamane während der Nacht tief und fest schlafen würde.

Atakam drehte den Kopf und unterbrach sein Schnarchen für einige Atemzüge, aber dann ertönte wieder das gleichmäßige Sägen. Heike erhob sich geräuschlos. Das Herz schlug ihr bis zum Hals. Jetzt mußte sie es wagen. Sie schlich zu ihrem Lager, schlug die Felle zurück und fand den Beutel mit den Vorräten. Sie hängte ihn sich um die Schulter. Den Lederschlauch würde sie erst unterwegs mit Wasser füllen, um sich jetzt nicht mit unnötigen Lasten abzuquälen. Heike erinnerte sich noch genau, daß es in der Nähe eine Quelle gab. Jetzt noch das Schwert umgeschnallt! Sie konnte zwar nicht damit umgehen, aber vielleicht würde die Waffe mögliche Angreifer abschrecken. Sie sah sich ein letztes Mal in der Jurte um. Der Schamane schlief ruhig.

Heike schlüpfte leise aus dem Zelt. Sofort war Moorteufel an ihrer Seite. Der Mond stand hoch am Himmel, eine leuchtende silberne Scheibe. Er schien ganz nahe zu sein. Man konnte die Krater fast mit bloßem Auge erkennen.

„Komm!" flüsterte Heike. Geduckt huschte sie zwischen den Jurten hindurch. Auf einem Holzgestell hingen einige Sättel, die gerade ausgebessert worden waren. Der mittlere Sattel konnte ungefähr die richtige Größe für den Hengst haben. Mit zitternden Händen hob Heike ihn hoch. Puh, war der schwer! Jetzt brauchte sie noch Zaumzeug ... Sie griff nach den Lederriemen, die von einem Holzpflock herunterbaumelten. Zum Glück hatte sie während ihrem Ritt hierher ins Lager gelernt, ein Pferd schnell und sicher aufzuzäumen. Das war nicht das Problem.

Einen Augenblick lang kämpfte Heike mit sich. Sollte sie wirklich mit Steppenwind fliehen? Vielleicht wäre es sicherer, eines der anderen Pferde zu nehmen ...

Nein, das war zu gefährlich. Möglicherweise weckte sie dabei einen der Hirten. Der Hengst dagegen war unbewacht ... Außerdem widerstrebte es Heike, das herrliche Tier bei dem Schamanen zurückzulassen. Atakam sollte Steppenwind nie mehr quälen! Heike biß die Zähne zusammen. Sehr vorsichtig schlich sie an den Jurten vorbei. Hoffentlich begegnete sie niemandem!

Der Sattel auf ihren Armen wurde immer schwerer. Endlich hatte sie die Zelte hinter sich gelassen und steuerte auf die Koppel zu. Schon von weitem sah sie Steppenwind. Der Hengst stand in einer Ecke und döste. Sein Fell schimmerte im Mondlicht wie blankes Silber. Heike schlug das Herz höher. Einen Augenblick lang vergaß sie alle Ängste und Zweifel. Sie hatte noch nie ein schöneres Tier gesehen!

Steppenwind hob den Kopf und blickte zu ihr herüber. Er hatte sie gewittert und begrüßte sie mit leisem Wiehern. Und schon setzte er sich in Bewegung, um zu ihr ans Gatter zu traben.

Heike schluckte. Sie legte den Sattel nieder, um die Hände frei zu haben. Steppenwind kam herbei, streckte den Kopf über den Zaun und schnupperte erwartungsvoll.

Heike holte aus ihrer Tasche ein kleines, trockenes Brotstück. „Hier, mein Schatz, für dich!“

Die Lippen des Hengstes tasteten vorsichtig über ihre Handfläche, und das Brotstück verschwand. Heike streichelte Steppenwinds Kopf und drückte ihr Gesicht gegen seinen Hals – eine Geste, die sie bisher noch nie gewagt hatte. Der Hengst hielt still. Heike spürte die Wärme seines Fells.

„Du mußt mir helfen“, flüsterte sie. „Du mußt mich auf deinem Rücken tragen. Wir reiten fort vom Lager.“

Sie sah auf. Steppenwind spitzte aufmerksam die Ohren. Ob er verstand, worum es ging? Würde er es ihr gestatten, ihm das Zaumzeug anzulegen?

Behutsam griff sie nach den Lederriemen. Langsam, um den Hengst nicht zu erschrecken, legte sie die Zügel um seinen Hals. Steppenwind stand reglos da. Er machte sich ein wenig steif, aber schreckte nicht zurück.

„Fein, mein Guter, so ist's brav.“ Heike lobte das Tier unablässig, während sie an den Riemen herumfingerte, um die Schnallen zu schließen.

Dann kam das Schwierigste. Als Heike den Ledersattel auf seinen Rücken legen wollte, scheute der Hengst und wich schnaubend einige Meter zurück. Die Ohren waren nach hinten gelegt. Heike sprach beruhigend auf das Pferd ein. Nach bangen Minuten streckte Steppenwind endlich wieder den Kopf nach vorne.

Heike war klar, daß es ihr nicht gelingen würde, das Pferd zu satteln. Wenn, dann mußte sie ohne Sattel reiten!

Sie ließ den Sattel außerhalb des Gatters liegen. Den Beutel mit den Vorräten hängte sie um ihre Schulter. Dann schlang sie den Lederschlauch um ihre Hüften. Das war zwar unbequem, aber es ging nicht anders.

Jetzt mußte Heike das Gatter öffnen. Sie hatte schon in den letzten Tagen die günstigste Stelle dafür ausgespäht. Weiter hinten waren ein paar schwache Stangen, die sie am ehesten entfernen konnte. Trotzdem war sie am ganzen Körper naßgeschwitzt, bis es ihr endlich gelungen war, eine Öffnung zu schaffen. Nun kam der spannendste Moment. Würde Steppenwind sie auf seinem Rücken dulden?

Sie faßte die Zügel und legte die Hände auf seinen Nakken. „Steh still", sagte sie sanft. „Ich tu' dir nichts. Ich bin leicht wie eine Feder und bitte dich, mich zu tragen." Sie stemmte sich ein wenig fester auf den Nacken und verlagerte etwas Gewicht auf die Hände. Der Hengst blieb ruhig stehen. Jetzt kletterte Heike auf einen Pfosten und glitt von dort aus auf den Pferderücken. Sie bewegte sich ganz behutsam, denn sie wußte von der Ur-Angst der Pferde, ein Raubtier auf ihrem Rücken zu spüren.

Mit klopfendem Herzen fühlte Heike, wie Steppenwind seine Muskeln anspannte. Würde er steigen? Oder würde er buckeln und sie in hohem Bogen abwerfen, wie er es mit dem Schamanen getan hatte? Nichts geschah. Heike sprach beruhigend auf den Hengst ein und lobte ihn. Dann berührte sie vorsichtig mit den Fersen seine Flanken.

Sofort gehorchte der Hengst und setzte sich in Bewegung. Sein Gang war weich und federnd. Heike lenkte ihn aus der Umzäunung und den Hügel hinauf. Sie schlugen einen großen Bogen um das Lager. Steppenwinds Hufe verursachten kaum ein Geräusch. Er schnaubte auch nicht oder stieß ein schrilles Wiehern aus, das die Hunnen aufmerksam gemacht hätte. Schließlich waren sie außer Sicht- und Hörweite. Heike atmete unwillkürlich auf.

Sie hielt an und klopfte dem Hengst den Hals.

„Das hast du fein gemacht! Wir werden es schaffen, du und ich! Niemand wird uns einholen!"

Chrysaphios bleibt hart

„Verflixt und zugenäht!" stieß Professor Ambrosius aus und wischte sich den Schweiß von der Stirn. „Ihr habt vielleicht ein Affentempo drauf! Nehmt doch endlich etwas mehr Rücksicht auf einen alten Mann wie mich!"

„Alter Mann!" wiederholte Michael spöttisch. „So alt bist du doch gar nicht."

Er blieb aber trotzdem stehen. Die Hitze war mörderisch.

Sie setzten sich auf einen großen Stein. Auch Thomas war froh über eine Pause. Er war noch immer etwas angeschlagen. Fieber hatte er zwar keines mehr, aber er war rasch erschöpft.

In der Ferne leuchtete das blaue Meer. Sie sahen die

Türme von Konstantinopel. Golden glänzten die Kuppeln in der Sonne.

Professor Ambrosius seufzte. „Ich frage mich noch immer, was wir in der Stadt sollen. Diese Botschaft der Hunnen … Ich krieg' Magenschmerzen, sobald ich daran denke."

„Und was, wenn die kein Gold herausrücken?" fragte Michael. „Meinst du, die Hunnen bringen Heike dann um?"

„Junge, an so etwas denke ich lieber gar nicht", brummte der Erfinder. Er starrte vor sich hin und knetete seine Finger.

„Vielleicht gelingt es ihr ja, mit der Zeitmaschine zu starten", bemerkte Thomas.

„Tja, das ist die einzige Hoffnung", meinte Professor Ambrosius. „Im Prinzip kann die Zeitmaschine jederzeit auftauchen. Leider können wir uns nicht darauf verlassen, sonst müßten wir gar nicht den blöden Auftrag erledigen."

„Heike wird das schon deichseln", sagte Michael zuversichtlich. „Die hat doch Haare auf den Zähnen. Die kriegt die Hunnen klitzeklein, wetten?"

Darauf gab der Professor keine Antwort. Mühsam stand er auf.

„Los, Leute, wir müssen weiter. Die Stadt kommt nicht zu uns, also müssen wir hingehen, wenn's auch schwerfällt."

Sie stiegen den Hügel hinunter. Professor Ambrosius beschirmte seine Augen. „Hübsche Landschaft. Ganz nett, um Urlaub zu machen. Ich lege aber keinen Wert darauf, für immer hierzubleiben."

„Vor allem haben wir keine Ahnung, wie uns der Kaiser empfängt", sagte Michael dumpf. „Vielleicht befiehlt er, uns die Köpfe abzuhacken und den Rest den Haien vorzuwerfen."

„Du hast eine abscheuliche Phantasie", stellte der Professor fest. „Außerdem weiß ich gar nicht, ob in diesem Meer überhaupt Haie sind."

„Dann eben Tintenfische", gab Michael zurück.

Je näher sie kamen, desto klarer wurde ihnen, daß Konstantinopel eine riesige, blühende Stadt war. Schiffe kreuzten auf dem Meer, Segel blähten sich, die Stadt war voller Leben und Geschäftigkeit. Eine dicke Mauer umgab Konstantinopel. Professor Ambrosius, Michael und Thomas folgten einem Pfad, der zu einem der Stadttore führte. Sie begegneten einem Teppichhändler mit einem beladenen Esel, einem Kaufmann, der Kupferkessel auf seinem Rükken trug, und zwei Frauen, die auf ihren Köpfen Wasserkrüge balancierten. Sie unterhielten sich und streiften dabei die Zeitreisenden mit einem Blick aus ihren dunklen Augen.

„Unsere Kleidung erregt offenbar Aufsehen", sagte Professor Ambrosius nervös und rückte seine Brille zurecht.

„Vielleicht finden sie dich auch schön." Michael grinste. Er trat zur Seite, um einen Reiter vorbeizulassen. Der Mann trug hunnische Tracht, und sein Pferd gehörte zu derselben Rasse, die die Zeitreisenden bei den Kriegern gesehen hatten.

„Einer von unseren speziellen Freunden", bemerkte der Erfinder. Der Reiter ritt mit verschlossener Miene an ihnen vorbei. Das Pferd schwitzte stark. Eine Duftwolke hüllte die Zeitreisenden ein.

Michael hielt sich die Nase zu. „Puh! Den Gestank hält ja kein Pferd aus!"

Professor Ambrosius blickte geistesabwesend auf die Stadt. „Mir ist gar nicht wohl dabei, Botschafter zu spielen."

„Erpresser trifft es genauer", meinte Thomas. Sein Gesicht verdüsterte sich. Seit ihrer Trennung sorgte er sich um Heike. Am liebsten wäre er umgekehrt und hätte versucht, das Lager der Hunnen auf eigene Faust ausfindig zu machen. Aber dieser Plan war verrückt. Er war noch viel zu schwach, und ohne Reittier hatte er keine Chance. Sich viele Kilometer zu Fuß durch die Steppe zu schleppen – das würde er nicht schaffen. Außerdem hatten die Hunnen bereits einen Vorsprung, den er niemals aufholen konnte. Seine Hoffnung war, in Konstantinopel Verbündete zu finden, mit denen sie zu Attilas Lager reiten konnten. Thomas seufzte tief. Was würde inzwischen mit Heike geschehen? Er wagte nicht daran zu denken. Würde man sie versklaven? Würde sie als Gefangene weiterverkauft werden?

„Du machst ein Gesicht, als wäre dir eben ein Zombie über den Weg gelaufen“, stellte Michael mit einem Blick auf seinen Freund fest. „Ich habe an Heike gedacht“, antwortete Thomas.

„Ich hab' so das Gefühl, daß sie es schaffen wird“, sagte Michael zuversichtlich. „Ich kenne Heike immerhin viel länger als du – mein ganzes Leben lang. Sie war schließlich schon da, bevor ich geboren wurde. Und wenn sie sich etwas in ihren Dickschädel gesetzt hat, dann tut sie es auch, das kann ich dir versichern.“

„Hm“, machte Thomas, aber er war nicht ganz überzeugt. Heike hatte zwar einen scharfen Verstand, aber gegen hunnische Schwerter nützte er vermutlich wenig.

Sie gingen nun aufs Stadttor zu. Links und rechts des großen Tores standen zwei Wächter. Sie waren mit Speeren und Schwertern bewaffnet und schauten grimmig drein. Doch die Zeitreisenden konnten passieren, ohne daß man sie aufhielt.

Die Stadt selbst war sehr auseinandergezogen. Innerhalb der Mauern befanden sich verschiedene Dörfer und Siedlungen, dazwischen lagen Gärten und Grünanlagen. Männer und Frauen gingen ihrer Arbeit nach, Ochsen zogen einen Pflug, und aus einer Schmiede klang emsiges Hämmern. Ab und zu drangen Gesprächsfetzen zu den Zeitreisenden. Es war Griechisch und klang zunächst fremd in ihren Ohren, aber dank der Sprachpillen waren sie bald in der Lage, alles zu verstehen.

„Mir tun die Füße weh!“ klagte Michael nach einer Weile. Er hinkte. „Bestimmt hab' ich tausend Blasen. Wo ist denn nun dieser Kaiserpalast? Gibt's hier keinen Wegweiser oder 'nen Stadtplan?“ Sie kamen in ein Viertel, in dem erst vor kurzem ein Feuer gewütet hatte. Geschwärzte Balken ragten trostlos in den Himmel. Vor den Trümmern hockte eine alte, zahnlose Frau. Sie war in Lumpen gekleidet und streckte bettelnd die Hand aus, sobald jemand an ihr vorüberging.

„Eine milde Gabe, Herr, eine milde Gabe!“

Die Zeitreisenden hatten selbst nichts, was sie ihr geben konnten. Wütend spuckte die Alte ihnen nach. „Der Teufel soll euch holen!“

„Na, das ist ja eine ausgesprochen freundliche Begrüßung“, bemerkte Professor Ambrosius. Sie gingen weiter und kamen zu einer kleinen Schenke. Jetzt erst bemerkten sie, wie hungrig und durstig sie waren, aber sie besaßen kein Geld, um sich etwas zu kaufen. „Vielleicht können wir als Tellerwäscher jobben“, schlug Michael vor.

Sonderlich begeistert war der Professor davon zwar nicht, aber mit hungrigem Magen zum Kaiser zu gehen, war auch nicht gerade das Beste. Zuerst fragten sie in dem Wirtshaus nach dem Weg zum Palast, danach nach Arbeit. Michael mußte in die Küche und unter den wachsamen Augen der Wirtin ein Huhn rupfen.

„Glaub' ja nicht, daß du das Vieh einfach unter dein Hemd stecken und dich davonmachen kannst“, keifte sie.

Michael rupfte und rupfte. Es war eine mühselige Arbeit. Das Biest, das er bearbeitete, schien auch noch besonders viele Federn zu haben. Zum Schluß blieb ein magerer, knochiger Vogel übrig. Die Wirtin riß ihm böse das Tier weg, so als sei Michael an dem mickrigen Hühnchen schuld.

Michael war ganz nervös. Überall klebten Federn, in seinen Haaren, an seinen Händen, an seiner Kleidung. Er mußte alle Federn einsammeln und in ein Leinensäckchen stecken. Danach befahl ihm die Wirtin, zwei Kupferkessel zu scheuern. Der Boden war schwarz von angebranntem Essen. Michael kratzte eine geschlagene Stunde herum, bis er die Kessel einigermaßen gesäubert hatte. Für seine Arbeit bekam er von der Wirtin einen kleinen, harten Brotkanten.

„Ist das alles?“ fragte Michael empört.

„Mehr als genug“, erhielt er zur Antwort. „Es ist gutes Brot, nicht einmal angeschimmelt. – Und jetzt scher' dich raus.“

Michael ging nur zu gerne. Eine Weile drückte er sich vor der Schenke herum und wartete auf Thomas und den Professor. Zuerst kam der Erfinder, fünf Minuten später folgte Thomas. Thomas hatte einen Schwan zerlegen müssen, der Professor ein Wildschwein. Als Lohn hatten beide nicht mehr bekommen als Michael. Doch der Professor schaute sich vorsichtig um und zog dann aus seiner Hosentasche zwei kleine Münzen heraus.

Michael machte große Augen. „Geklaut?“

Der Professor schüttelte den Kopf. „Als ich die Küchenabfälle hinausgetragen habe, habe ich sie im Hof gefunden.“ Er steckte die Münzen wieder ein.

Sie setzten sich unter einen Baum und verzehrten dort die kümmerliche Mahlzeit. Dicke Fliegen umschwirrten sie. Michael hätte jetzt am liebsten etwas gedöst und seine müden Füße ausgeruht, aber der Erfinder drängte zum Aufbruch.

„Je eher wir diese Sache hinter uns bringen, desto besser.“

Sie schlugen die Richtung zum Meer ein. Die goldenen Kuppeln und die hohen Türme verkündeten Reichtum und Pracht. Michael hielt den Atem an. Zwischen den mächtigen Gebäuden kam er sich klein und winzig vor. Manche Bauwerke waren so wuchtig, daß er das Gefühl hatte, von ihnen erdrückt zu werden.

Nach einer Weile hatten sich die Zeitreisenden hoffnungslos verlaufen. Zwei Männer in aufwendig bestickten Gewändern kamen ihnen entgegen. Der Professor trat auf sie zu.

„Entschuldigung. Wie komme ich zum Kaiserpalast?“

Der dickere der beiden Männer erklärte ihm umständlich den Weg und wies mit der Hand in die beschriebene Richtung. An seinen Fingern glänzten Ringe mit großen Edelsteinen. Der andere Mann trug ein goldenes Kreuz auf der Brust. Mit seinen kleinen Äuglein beobachtete er die Zeitreisenden mißtrauisch und faßte schützend an die Kette mit dem Kreuz. Dann schritten die beiden Würdenträger weiter, wobei sie sich noch ein paarmal nach den Zeitreisenden umdrehten. Einer sagte etwas zum anderen, was der Professor und die Jungen jedoch nicht verstanden.

„Die befürchten wohl, daß wir sie von hinten überfallen", meinte Michael.

„Kann gut sein", bestätigte der Professor. „Sonderlich getraut haben die uns sicher nicht. Der eine hat uns richtig mit Blicken durchbohrt."

„Wie schnell sie auf einmal gehen!" bemerkte Michael.

Die beiden Männer verschwanden um die Ecke. Ihre leuchtenden Gewänder wehten hinter ihnen her.

„Hoffentlich schicken sie uns nicht die Polizei auf den Hals", brummte Professor Ambrosius düster. „Ich hab' keine Lust, ein paar Wochen im Kerker zu verbringen."

Eine innere Stimme sagte ihm, es sei besser, einen Umweg einzuschlagen. Inzwischen war es Mittag, und die Sonne stand hoch am Himmel. Die Zeitreisenden waren geblendet, als sie aus dem Dunkel der Gassen heraustraten. Michael beschirmte seine Augen. Der Wind trieb eine Brise Tang- und Fischgeruch vom Meer heran. Es war fast wie ein sommerlicher Urlaubstag: von ferne waren gedämpfte Stimmen zu vernehmen, und eine gewisse Schläfrigkeit machte sich breit. Michael mußte sich gewaltsam ins Gedächtnis zurückrufen, zu welchem Zweck sie hier waren.

„Dort drüben!" Der Professor wies mit dem Arm nach rechts. „Das ist der Palast!"

Schon von weitem sahen sie die prächtigen Gebäude. Dazwischen befanden sich herrliche Gärten mit Bäumen und Blumen, die einen süßen Duft verströmten. Michael blieb stehen und sog genießerisch die Luft ein.

„Hier riecht's besser als bei den Hunnen."

„Wie in einer Parfümerie", bestätigte Professor Ambrosius. „Ich frage mich, wie das der Kaiser aushält, ohne Kopfweh zu kriegen." Er blickte sich um. „Hm, dort geht's rein, glaube ich.“ Er hatte eine schmale Seitenpforte entdeckt. Ein mürrischer Wächter hockte in einem Pförtnerhäuschen und hob träge den Kopf, als die Zeitreisenden ankamen.

„Was wollt ihr? Wenn ihr betteln wollt, seid ihr falsch. An den Brunnen wird täglich Brot an die Armen verteilt. Hier gibt es überhaupt nichts.“

Michael sah, daß der Mann schielte. Außerdem war seine Nase ganz schiefgedrückt. Wahrscheinlich war sie irgendwann einmal gebrochen worden. Zahnlücken klafften in seinem Mund.

„Wir wollen nicht betteln, sondern den Kaiser sprechen“, erklärte Professor Ambrosius höflich.

Daraufhin fing der Wächter an zu lachen. „Den Kaiser sprechen?“ japste er. „Das wollen jeden Tag Hunderte! Wirklich, wenn der Kaiser alle Leute empfangen wollte, dann käme er zu nichts anderem mehr.“ Er wurde ernst. Sein rechtes Auge schaute den Professor an, das linke Michael. „Wenn ihr wirklich zum Kaiser wollt, dann braucht ihr einen wichtigen Grund.“ Er lehnte sich zurück und grinste. „Aber ihr seht nicht so aus, als hättet ihr einen.“

Professor Ambrosius schluckte. Das aufgeblasene Verhalten des Wächters ärgerte ihn, aber er versuchte, sich nichts anmerken zu lassen.

„So richte deinem Herrn aus, daß wir eine Botschaft von Attila haben“, sagte er würdevoll.

Bei diesen Worten veränderte sich schlagartig die Miene des Wächters und wurde zur haßerfüllten Grimasse. „Attila! Dieser hunnische Schurke! Ihr wagt es, den verfluchten Namen in den Mund zu nehmen!“ Er spuckte verächtlich aus, haarscharf am Professor vorbei.

Jetzt platzte dem Erfinder der Kragen. Er ballte die Faust und hieb damit auf die Fensterkante des Häuschens. Es schmerzte, aber Professor Ambrosius merkte es nicht einmal.

„Verflixt und zugenäht, wir sehen zwar nicht wie Botschafter aus, aber trotzdem sind wir im Auftrag der Hunnen da! Es geht um Gold, Leben und Tod!“

Der Wächter erbleichte. Unsicher fing er an zu stottern.

„Entschuldigung ... ich wußte nicht ... Ihr habt keine Schlitzaugen und keine Narben im Gesicht ... Ihr seht nicht wie Boten dieser Teufel aus ...“

„Unser Aussehen ist ganz und gar unwichtig“, knurrte der Professor. „Wir wollen möglichst schnell zum Kaiser, um unseren Auftrag zu erfüllen. Wir sind nämlich nicht zum Vergnügen hier.“ Sein energisches Auftreten machte den gewünschten Eindruck.

„Ich werde sehen, was ich tun kann“, versprach der Wächter unterwürfig. Er zog sich zurück. Professor Ambrosius, Michael und Thomas warteten vor der verschlossenen Pforte.

Eine Viertelstunde verging, ohne daß der Wächter zurückkehrte. Michael trat unruhig von einem Fuß auf den anderen.

„Er hat uns vergessen“, beschwerte er sich. „Bestimmt sitzt der Kerl jetzt irgendwo und vespert in Seelenruhe. Ich könnte mir wahrhaftig Besseres vorstellen, als mir hier die Beine in den Bauch zu stehen.“

Eine kühle Brise wehte vom Meer her. Der Himmel war sehr blau, und in der Ferne sahen die Zeitreisenden weiße Segelschiffe kreuzen. Nach einer Ewigkeit kehrte der Wächter endlich zurück.

„Und?“ fragte der Professor ungeduldig.

„Der Kaiser hat im Moment leider keine Zeit, aber der ehrwürdige Chrysaphios ist bereit, euch zu empfangen“, erklärte der Mann.

Die Zeitreisenden wechselten einen Blick. War das eine gute oder eine schlechte Nachricht? Sie hatten keine Ahnung, wer dieser Chrysaphios war und welchen Einfluß er hatte.

„Also gut“, sagte der Erfinder. „Dann bringe uns zu diesem Chrysaphios.“

Umständlich nestelte der Wächter an seinem Schlüsselbund und sperrte die Pforte auf. Der Weg, den die Zeitreisenden betraten, war mit kleinen, farbigen Steinen gepflastert. Das Mosaik zeigte Blumen und Vögel. Links und rechts wuchsen Zypressen. Sie kamen an einem Brunnen vorbei, auf dem ein weißes Taubenpaar saß. Der Täuberich

gurrte und balzte wichtigtuerisch um seine Partnerin herum. Marmorfiguren lächelten ihr steinernes Lächeln und reckten anmutig ihre Glieder.

Michael rümpfte die Nase. „Fehlen nur noch Gartenzwerge."

Der Wächter führte die Zeitreisenden zwischen zwei Gebäuden hindurch. Sie passierten einen Säulengang und gelangten dann über eine breite Treppe in einen prunkvollen Vorraum. Dort befahl ihnen der Wächter zu warten.

Durch die bunten Glasfenster fiel das Sonnenlicht und tauchte den Raum in warme Farben. Michael kam sich vor wie bei einer Klassenführung durch eine alte Kirche. Er mußte sich immer wieder ins Gedächtnis zurückrufen, was passiert war und wozu sie hier waren.

„Ich bin gespannt, was wir erreichen", murmelte der Professor. „Vermutlich werden wir im Kerker landen." Seine schlimmeren Vermutungen sprach er lieber gar nicht erst aus.

Dicke Teppiche dämpften die Schritte, und so hörten sie nicht, wie jemand kam. Plötzlich stand ein Mann im Raum. Er trug ein Gewand mit prächtigen Stickereien und war dreimal so dick wie der Professor.

Michael schluckte.

„Seid Ihr diejenigen, die behaupten, eine wichtige Botschaft für Ihre Majestät zu haben?" fragte der Mann. Er lächelte, aber seine Augen blieben dabei kalt.

Die Zeitreisenden waren irritiert von seiner hohen Stimme. Sie klang wie die eines Knaben und schien gar nicht zu der massigen Gestalt zu passen.

Professor Ambrosius räusperte sich. „Seid Ihr Chrysaphios?"

„Sehr richtig, der bin ich", antwortete Chrysaphios. „Man nennt mich den ‚Schildträger' Ihrer Majestät, die im Augenblick im frommen Gebet verweilt. Ihre Majestät wünscht, nicht gestört zu werden. So leihe ich Bittstellern Augen und Ohr. Welche Botschaft begehrt Ihr zu überbringen?"

Professor Ambrosius faßte sich kurz. Er erzählte mit knappen Worten, was geschehen war – ohne natürlich die Zeitmaschine zu erwähnen. Sie seien von hunnischen Kriegern überfallen und mit der Botschaft nach Konstantinopel geschickt worden.

„Sie glauben, daß ich hier in Konstantinopel eine einflußreiche Stellung habe", beendete der Erfinder seinen Bericht. „Ich bin zwar ein Mann der Wissenschaft, aber ich komme von weither und bin mehr oder minder nur zufällig hier."

Chrysaphios antwortete nicht gleich. Er knetete seine Hände. Edelsteine blitzten an allen Fingern auf und warfen funkelnde Reflexe. Michael und Thomas wechselten einen Blick. Der Mann war ihnen höchst unsympathisch.

„Attila will also mehr Gold", sagte Chrysaphios dann mit einem feinen Lächeln. „So mag Attila kommen und sich das Gold holen." Er deutete mit einer Geste an, daß die Zeitreisenden entlassen waren, machte auf dem Absatz kehrt und schritt davon.

Der Professor nahm die Brille ab und rieb sich nervös das Gesicht. „Tja, was nun?" fragte er die Jungen.

Diese wußten auch keinen Rat.

Niedergeschlagen verließen sie das Gebäude. Michael fand, daß eine der Marmorfiguren blöd grinste und streckte ihr die Zunge heraus. „Jetzt können wir nur noch hoffen, daß Heike uns findet", meinte Thomas. „Vorausgesetzt, sie ist noch am Leben."

„Verflixt und zugenäht", schimpfte Professor Ambrosius und schlug ärgerlich die Hände zusammen. „Ich bin sicher, wir hätten mehr erreicht, wenn wir diesem Chrysaphios ein Geschenk gebracht hätten."

„Du meinst, wir hätten ihn bestechen sollen?" fragte Michael.

„Das ist genau das, was ich meine. Vielleicht hätten wir dann sogar den Kaiser sprechen können." Der Erfinder runzelte die Stirn. „Bloß, was hätten wir ihm anbieten können?" Er tastete nach seinem Arm. „Meine Uhr vielleicht? Er würde es sicher als ein Wunderding ansehen. Aber das könnte ein Durcheinander in der Geschichte auslösen."

„Es ist sowieso zu spät", meinte Michael dumpf. „Der Typ empfängt uns bestimmt kein zweites Mal."

Ratlos durchquerten sie den Palastgarten, ohne einen Blick für die prächtigen Blumenbeete und die aufwendigen Mosaikböden zu haben.

„Wenn Attila keine Antwort bekommt, was glaubst du, wird er dann mit Heike tun?" fragte Michael.

„Daran denke ich lieber nicht", erwiderte der Professor.

Eine hagere Gestalt kam ihnen entgegen, streifte sie mit geistesabwesendem Blick, ging an ihnen vorbei, drehte sich noch einmal um, schien etwas sagen zu wollen, überlegte es sich anders und ging weiter.

„Komischer Kauz", war Michaels Kommentar.

Professor Ambrosius zuckte mit den Achseln. „Wir müssen in kleinen Schritten denken. Als nächstes brauchen wir Arbeit, Nahrung und einen Platz zum Schlafen. Und dann müssen wir herausfinden, wer in dieser Stadt etwas zu sagen hat."

„Klar", erwiderte Michael. „An den schmeißen wir uns dann 'ran und bequatschen ihn, daß er beim Kaiser ein gutes Wort für uns einlegen soll."

„Manchmal schaltest du erstaunlich schnell", bestätigte der Erfinder.

Sie verließen den Palastbereich wieder durch die kleine Pforte. Inzwischen saß dort ein anderer Wächter, der jedoch noch mürrischer aussah als der erste. Wortlos öffnete er ihnen das Tor. Dann waren sie draußen.

Professor Ambrosius atmete tief durch. Der Wind war stärker geworden und spielte mit seinen grauen Haaren. Thomas steckte die Hände in die Hosentaschen und dachte an Heike. Vor ihnen erstreckte sich das grünblaue Marmara-Meer. Es war eine wunderschöne Kulisse, doch die Zeitreisenden ließen sich nicht davon täuschen. Zwar waren sie im

Augenblick nicht in unmittelbarer Gefahr, aber Heikes Schicksal hing an einem seidenen Faden.

„Wenn wir zum Hafen gehen, können wir vielleicht beim Ein- oder Ausladen der Schiffe helfen“, schlug der Erfinder vor. Michael war davon nicht gerade begeistert. Er schnitt eine Grimasse.

„Säcke zu schleppen ist noch immer besser, als Kessel zu scheuern oder Fliesen zu schrubben“, meinte Thomas.

Michael legte den Finger an die Nase. Sein Gesicht leuchtete plötzlich auf. „Ich hab' eine Idee!“

„Da bin ich ja mal gespannt“, brummte der Professor.

„Wozu haben wir eigentlich die Sprachpillen?“ verkündete Michael mit triumphierender Miene.

„Dumme Frage!“ Professor Ambrosius war fast beleidigt. „Ich habe die Pillen entwickelt, weil wir auf Zeitreisen immer das Problem mit der Sprache haben.“ Er stutzte. „Worauf willst du eigentlich hinaus?“

„Da es für uns kein Problem ist, mehrere Sprachen gleichzeitig zu verstehen und zu sprechen, könnten wir Übersetzer spielen“, schlug Michael vor.

Thomas fand den Einfall nicht schlecht. Auch Professor Ambrosius war ganz angetan. Gemeinsam überlegten sie, wie sie am besten ihre Dienste anbieten konnten.

„Wir sprechen einfach die Leute auf der Straße an“, empfahl Michael.

„Nein, das Ganze sollte doch ein bißchen zielgerichteter sein“, fand der Professor. „Laßt uns eine Bibliothek aufsuchen. Vielleicht hilft man uns dort weiter.“

Es dauerte eine Weile, bis sie sich zur Bibliothek durchgefragt hatten. Am Eingang des Gebäudes stießen sie beinahe mit dem hageren Mann zusammen, dem sie bereits im Palast begegnet waren. „Entschuldigung“, murmelte der Fremde mit geistesabwesendem Blick. Dann schien er die Zeitreisenden wiederzuerkennen, und die Andeutung eines Lächelns huschte über sein Gesicht.

„Hunderttausende wohnen in dieser Stadt, aber ich begegne Euch zum zweitenmal innerhalb einer Stunde. Ist dies ein Wink des Schicksals? Ein göttlicher Fingerzeig?“ Er blinzelte ein wenig, ein Anzeichen von Kurzsichtigkeit. Seine Nase war lang und spitz, das Gesicht sehr hager. Das tiefschwarze, strähnige Haar hing ihm in die Stirn. Er strich es fahrig zurück. Michael fielen seine überlangen Finger auf.

„Ich bin Priskos von Panion. Vielleicht habt Ihr schon meinen Namen vernommen, ich bin nicht ganz unbekannt. Meine Aufgabe ist, wichtige Ereignisse aufzuschreiben und für die Ewigkeit festzuhalten.“

„Wir sind Reisende und kommen aus einem fernen Land“, stellte sich nun der Professor vor. „Eigentlich halten wir uns nur notgedrungen in dieser Stadt auf.“

Priskos blickte ihn eindringlich mit seinen braunen Augen an. „Ich habe schon viel erlebt und gesehen. Nichts auf der Welt ist nur Zufall. Ich bin überzeugt, daß unsere Begegnung einen tieferen Sinn hat.“ Er schaute zu Michael und Thomas. „Vielleicht erzählt Ihr mir außergewöhnliche Begebenheiten, die sich in eurem Land ereignet haben. Möglicherweise erfahre ich neue, sensationelle Dinge.“ Jedesmal, wenn er ein Wort besonders betonte, schnellten seine Augenbrauen in die Höhe.

Michael verbiß sich mühsam das Grinsen. Der Typ vor ihnen war irgendwie ulkig. Anscheinend war er auch eine einflußreiche Persönlichkeit – also genau das, was sie suchten.

„Vielleicht ist die Begegnung wirklich kein Zufall“, antwortete Professor Ambrosius ernst. „Wir sind in Not. Es ist gut, jemanden zu treffen, der sich hier auskennt. Wir benötigen nämlich Unterkunft und Arbeit. Als Gegenleistung könnten wir unsere Dienste als Übersetzer anbieten.“

„Welche Sprachen sprecht Ihr?“ fragte Priskos sofort.

„Eigentlich jede.“

Priskos war skeptisch. „Lateinisch? Skythisch? Germanisch? Ägyptisch?“

Der Professor nickte jedesmal.

Priskos stutzte. „Ihr seid also ein Gedächtnis-Genie? – Gewiß, ich habe schon von Leuten gehört, die unzählige Sprachen kennen und nie etwas vergessen. Ich persönlich habe jedoch noch nie einen solchen Menschen getroffen.“ Er betrachtete den Professor mit neuem Interesse. „Wie macht Ihr das? Trainiert Ihr im Schlaf? Ruft Ihr Euch abends vor dem Zubettgehen alle erlernten Wörter ins Gedächtnis zurück? Ist es unermüdlicher Fleiß, oder seid Ihr ein Naturtalent?“

Professor Ambrosius errötete. Er wollte kein unverdientes Lob einheimsen, andererseits wollte er nicht das Geheimnis der Sprachpillen verraten. Deswegen antwortete er ausweichend: „Ich habe da eine besondere Methode. Sie wirkt auch bei Euch, sobald Ihr sie erprobt, aber Näheres erkläre ich Euch besser ein andermal.“

Priskos schien nachdenklich. „Es gibt sicher ein paar Gelegenheiten, bei denen Eure Übersetzungskünste gefragt sind. Ich werde sehen, was ich für Euch tun kann. Falls Ihr Unterkunft braucht – in meinem bescheidenen Haus ist noch ein Zimmer frei. Es wohnen nur ein paar Katzen darin.“

„Wir nehmen das Angebot gerne an“, entgegnete Professor Ambrosius erfreut. „Es ist sehr freundlich von Euch.“

„Eure Gesellschaft ist mir eine Ehre“, erwiderte Priskos höflich. Mit seinen schlaksigen Fingern deutete er an, daß die Zeitreisenden ihm folgen sollten. Er ging voraus und schlenkerte bei jedem Schritt mit den Armen. Weil er so lang und hager war, sah es sehr komisch aus. Thomas und Michael grinsten sich an.

„Benehmt euch, bitte!“ mahnte der Professor leise. „Er ist bißchen absonderlich, aber ganz nett. Ich bin froh, daß wir ihn getroffen haben.“

Priskos führte sie durch ein Labyrinth von Gassen. An

manchen Abzweigungen zögerte er und schien sich selbst nicht mehr an den richtigen Weg erinnern zu können. Michael und Thomas hatten schon Zweifel, ob sie überhaupt jemals ankommen würden, doch da blieb Priskos vor einem Haus stehen.

„Hier sind wir“, verkündete er fröhlich. „Es ist eine einfache Unterkunft, aber ausreichend für einen anspruchslosen Menschen wie mich. Mein Heim steht Euch zur Verfügung. Tretet ein und fühlt euch wie zu Hause.“

Die Zeitreisenden folgten Priskos in das düstere Innere. Es roch muffig, nach Ruß und ranzigem Fett. Das Haus war einst prächtig und luxuriös gewesen, doch man hatte es in den letzten Jahren ziemlich verkommen lassen. Der Fußboden wies regelrechte Schlaglöcher auf, die Wandmalereien waren verblaßt, und der Putz blätterte an manchen Stellen ab.

Eine alte Frau kam ihnen entgegen. Sie sah aus wie ein Gespenst. Schlohweißes Haar hing um ihren Kopf, das Gesicht war bleich und voller Falten. Das Erschreckendste aber war, daß kein einziger Ton aus ihrem Mund kam, obwohl sie ihre Lippen heftig bewegte.

„Das ist Silvia. Sie führt mir den Haushalt. Leider – oder besser zum Glück! – ist sie stumm. Sie kann sich aber trotzdem sehr gut verständlich machen.“

Silvia nickte und lächelte mit ihrem fast zahnlosen Mund. Dann fing sie an, heftig zu gestikulieren. Sie malte mit den Händen Kreise in die Luft, zog ein paar diagonale Linien und bewegte dabei die Finger, als wollte sie Klavier spielen.

„Was meint sie?“ fragte der Professor verblüfft.

Priskos lachte. „Ihr versteht angeblich alle Sprachen, aber der Zeichensprache seid Ihr wohl nicht mächtig? – Silvia fragt, ob Ihr meine Gäste seid und ob sie ein Mahl für vier Leute bereiten soll.“ Zu Silvia gewandt sagte er: „Sie werden bleiben. Richte im leeren Zimmer ein Lager für sie her und tische das Beste auf, was wir im Hause haben.“

Silvia schlurfte diensteifrig davon.

Priskos führte die Zeitreisenden in sein Arbeitszimmer. Es war ein hoher, ungemütlicher Raum. Die einzigen Möbelstücke bildeten ein großer Tisch und ein harter, unbequemer Stuhl. Auf dem Tisch stapelten sich Schriftrollen in wildem Durcheinander.

„Verzeiht die Unordnung, aber ich war nicht auf Besuch vorbereitet", sagte Priskos und versuchte, mit einigen Griffen Platz zu schaffen. Dabei stieß er ein Gläschen mit Tinte vom Tisch. Das Gefäß zerschellte, und auf dem Fußboden breitete sich eine häßliche Lache aus.

„Ich bitte tausendmal um Entschuldigung", erklärte Priskos nervös, zauberte von irgendwoher einen Lappen herbei und begann, den Boden zu säubern. „Ich bin mitten in einem Kapitel, aber mir fehlen noch einige wichtige Schriftstücke ..." Er seufzte und starrte ins Leere. „Manchmal frage ich mich, ob die Beschäftigung mit Literatur das einzig Wahre im Leben ist. Das Zusammentragen und Vergleichen von Ereignissen ist manchmal sehr ermüdend." Er wischte sich über die Augen und hinterließ dort eine Tintenspur, ohne es zu bemerken. „Mein Ziel ist es, alle jetzigen Geschehnisse für die Nachwelt aufzuschreiben. Das menschliche Gedächtnis ist unzuverlässig." Sein Gesicht nahm einen versonnenen Ausdruck an. „Ob die Menschen in ein- oder zweitausend Jahren noch immer meine Schriften lesen? Vielleicht fragen sie sich dann: Wer war dieser Priskos? – Auf diese Weise werde ich niemals sterben, selbst wenn mein Körper schon längst zu Staub zerfallen ist." Nun schien sich Priskos wieder an die Zeitreisenden zu erinnern. „Vergebt mir! Sicher habe ich Euch mit meinem Geschwätz gelangweilt."

„Ganz und gar nicht", widersprach Professor Ambrosius, der rot geworden war.

„Ich weiß, solche Gedanken sind pure Eitelkeit", gab Priskos zu. „Aber es würde mich wirklich interessieren, zu erfahren, was man in einigen Jahrtausenden so über mich denkt. Wenn es gelänge, der Zeit ein Schnippchen zu schlagen ...

Glaubt Ihr, daß es irgendwann einmal gelingt, nicht nur von einem Ort zum anderen, sondern von einem Jahr in ein anderes zu reisen?"

„Es werden viele Dinge erfunden, die man einmal für unmöglich gehalten hat", erwiderte Professor Ambrosius ausweichend. Das Thema war ihm zu verfänglich. Er trat ans Fenster und blickte zu dem kleinen Innenhof hinaus. In der Mitte befand sich ein Wasserbecken. Das Wasser war grün vor lauter Algen. Unkraut wucherte zwischen den gesprungenen Fliesen. Ein paar Spatzen hüpften auf den Steinplatten umher und flogen auf, als sie eine Bewegung am Fenster bemerkten.

„Ich weiß, man müßte das Haus längst renovieren", meinte Priskos schuldbewußt. „Irgendwann werde ich hoffentlich einmal die Zeit dazu finden. Aber solche Sachen sind nicht so wichtig für mich."

Die alte Silvia trat ein, um etwas zu fragen. Sie starrte Priskos vorwurfsvoll an und fing an, wild mit den Armen herumzufuchteln. Dann riß sie Priskos den tintenverschmierten Lappen aus der Hand und wies zur Tür. Diesmal kam aus ihrem Mund ein Zischen.

„Das war eine Standpauke", erklärte Priskos mit hängenden Schultern. „Sie sagt, ich sähe grauenvoll aus und solle mich sofort waschen. Anderenfalls würde sie mir nachher nur lauter ungenießbare Speisen servieren."

Die Zeitreisenden verbrachten einige Tage in Priskos' Haus. Am zweiten Abend gestand Professor Ambrosius, daß zu ihnen ein Mädchen gehörte, das in hunnische Gefangenschaft geraten sei. „Es ist möglich, daß Heike ganz unvermittelt hier auftaucht", meinte der Erfinder. „Aber es widerstrebt uns, sie einfach ihrem Schicksal zu überlassen. Wir hatten gehofft, etwas beim Kaiser zu erreichen und Attilas Forderung zu erfüllen."

Priskos führte nachdenklich einen Becher Wein zum Mund. „Verzeiht mir meine direkten Worte, aber Theodosius ist ein sehr schwacher Kaiser. Sein Seelenheil ist ihm viel wichtiger als das Heil dieser Stadt." Er dämpfte seine Stimme. „Der wichtigste Mann am Hof ist der Eunuch Chrysaphios. Er hat alle Fäden in der Hand, er bestimmt, was gespielt wird."

„Mit Chrysaphios haben wir schon gesprochen", berichtete Professor Ambrosius. Er erinnerte sich ungern an die Begegnung mit dem einflußreichen Beamten.

„Der hat uns einfach abblitzen lassen", ergänzte Michael. „Nicht mal richtig zugehört hat er uns. Und was mit Heike passiert, ist ihm schnurzegal."

„Attila hat schon sehr viel Gold erhalten, damit er diese Stadt verschont", meinte Priskos. „Wenn er jetzt noch mehr fordert, überspannt er den Bogen."

„Blöde Geschichte, in die wir da geraten sind", murmelte der Professor. „Diese Streitereien gehen uns gar nichts an. Nur durch einen dummen Zufall sind wir in die Gewalt der Hunnen geraten und werden jetzt als Mittel zum Zweck benutzt."

„Die Hunnen haben schon viele Gefangene gemacht", sagte Priskos. „Manchmal kann man den einen oder anderen wieder freikaufen."

„Und womit?" Professor Ambrosius mußte sich zurückhalten, um nicht aufzubrausen. „Wir sind arm wie Kirchenmäuse! Zu Hause könnte ich wenigstens mein Sparbuch plündern ..."

„Sparbuch?" Priskos zog die Augenbrauen hoch.

„... oder einen Kredit aufnehmen", fuhr der Erfinder fort, ohne auf Priskos' Frage einzugehen. „Für Heike würde ich sogar mein Solarmobil verpfänden! Aber hier ..." Er verstummte.

„Vielleicht sind sie mit einem Austausch einverstanden", schlug Thomas vor. „Sie können mich anstatt Heike gefangennehmen!"

„Lieber Thomas, dein Angebot ist zwar sehr edel, aber dir ist wohl klar, daß das unser Problem nicht löst", entgegnete

Professor Ambrosius. „Wir wollen *alle* nach Hause zurückkehren.“ Er raufte sich die Haare. „Wenn ich nur etwas hätte, was ich zu Geld machen könnte!“

„Ihr könntet vielleicht Schüler annehmen und Euer Sprachwissen weitergeben“, empfahl Priskos. „Allerdings wird es eine Weile dauern, bis Ihr das erforderliche Geld zusammenbringt. Ich würde Euch gerne weiterhelfen, aber ich bin leider auch nicht besonders reich. Vielleicht könnte ich von Freunden etwas Geld leihen.“

„Nein, nein“, wehrte der Professor ab. „Es genügt schon, daß Ihr uns Unterkunft und Verpflegung bietet. Wir wollen Euch nicht noch mehr zur Last fallen.“ Auf seiner Stirn erschien eine steile Falte. Dann griff er nach der Schnur, die um seinen Hals hing und zog sie über den Kopf. Priskos schaute neugierig zu, wie der Professor die Kunststoffkapsel öffnete.

„Was sind das für kleine grüne Perlen?“

„Es ist das Geheimnis, warum ich jede Sprache verstehen und sprechen kann“, antwortete Professor Ambrosius bedächtig. „Es ist eine Art Medikament. Ich habe diese Pillen selbst entwickelt, und sie haben mir auf meinen Reisen schon unschätzbare Dienste geleistet. Ich könnte mir denken, daß es hier ein paar Leute gibt, die sehr dankbar wären, würden sie einige von meinen Sprachpillen besitzen. Ich habe mich entschlossen, diese Pillen gegen das Zehnfache ihres Gewichts in Gold zu verkaufen.“

Michael schnappte nach Luft, aber Priskos fand die Forderung gar nicht unverschämt.

„Wenn diese Pillen tatsächlich diesen Zauber bewirken, dann sind sie sogar das Hundertfache ihres Gewichts in Gold wert.“

„Ich kenne mich mit den Preisen hier nicht aus“, murmelte der Professor. „Aber ich nehme gerne mehr.“

Priskos betrachtete die Sprachpillen genau. Er hielt sie dicht an die Augen und drehte sie lange zwischen den Fingern.

„Die Zusammensetzung verratet Ihr sicher nicht?“ fragte er.

„Ich glaube nicht, daß man die nötigen Zutaten in dieser Zeit bekommt“, entgegnete Professor Ambrosius. Schnell verbesserte er sich: „In dieser Gegend, wollte ich sagen.“

Priskos’ Finger schlossen sich fest um die Kunststoffkapsel. „Dieses Material habe ich noch nie gesehen. Wollt Ihr mir die Pillen anvertrauen? Ich werde dafür sorgen, daß Ihr den bestmöglichsten Preis dafür bekommt. Dann habt Ihr Geld, um dieses Mädchen auszulösen.“

Professor Ambrosius nickte. „Einverstanden.“

Als die Zeitreisenden später unter sich waren, kamen dem Erfinder Bedenken. „Hoffentlich habe ich keinen Fehler gemacht.“

„Ach Quatsch, wir können Priskos vertrauen“, gab Michael zurück. „Der reißt sich das Geld bestimmt nicht unter den Nagel.“

„Das habe ich auch nicht gemeint.“ Der Professor zog sich die Decke bis ans Kinn, schlug sie aber kurz darauf wieder zurück, weil er schwitzte. „Stellt euch vor, durch einen dummen Zufall gräbt jemand in zweitausend Jahren die Kunststoffkapsel aus und wundert sich, warum die Leute in Konstantinopel schon Plastikgefäße hatten.“

„Tja, dann laß ihn sich doch wundern“, entgegnete Michael. „Ist doch nicht so schlimm. Hauptsache, wir kriegen Heike wieder.“

Professor Ambrosius seufzte. „Du hast ja recht. Ich glaube, ich mache mir wieder einmal zu viele Gedanken.“

Er legte sich zurecht und versuchte zu schlafen. Im Innenhof zirpte eine Grille, die sich zwischen den Steinritzen verkrochen hatte. Auf der Gasse grölten zwei Betrunkene. Ob sie Streit miteinander hatten oder nur Spaß machten, war nicht zu unterscheiden. Priskos war noch auf. Die Zeitreisenden hörten, wie er hin- und herging. Dann rückte ein Stuhl.

„Priskos arbeitet noch“, murmelte der Erfinder.

„Er hat ja gesagt, daß er sein Kapitel beenden will." Michael gähnte. „Das wär' nichts für mich. Freiwillig Aufsätze schreiben, brrr!" Er rollte sich auf die Seite und war im nächsten Moment eingeschlafen.

Ungefähr eine Woche wohnten die Zeitreisenden bei Priskos, als dieser von einem vormittäglichen Stadtbummel zurückkehrte. Michael und Thomas waren gerade dabei, den Innenhof ein wenig auf Vordermann zu bringen, denn wenn sie schon bei Priskos aßen und schliefen, dann wollten sie sich wenigstens nützlich machen.

„Ich habe zwei gute Neuigkeiten!" verkündete Priskos und kam mit großen Schritten in den Innenhof. „Nanu, wie sieht's denn hier aus?"

Michael kratzte mit einem Messer das Unkraut aus den Fugen. Er wischte sich den Schweiß von der Stirn, denn es war eine mühselige Arbeit. „Kleine Überraschung! Ist doch schon ganz gut geworden, oder?" Er richtete sich auf. Seine Knie schmerzten, denn er war ungefähr zwei Stunden lang auf ihnen herumgerutscht. Thomas hatte inzwischen das Marmorbecken von den Algen gereinigt. Es blinkte weiß in der Sonne.

„Prächtig, prächtig." Priskos fuchtelte mit den Armen. „Aber verschwendet nicht zuviel Zeit mit diesen Dingen. Ich werde nämlich verreisen. Bis ich wiederkomme, ist das Unkraut sicher nachgewachsen und das Wasser wieder genauso trüb, wie es war."

„Verreisen?" wiederholte Michael verblüfft. „Wohin denn?"

„An den Hunnenhof. Zu Attila, um genau zu sein."

Thomas ließ seinen Lappen fallen. „Können wir mitkommen?"

„Genau das wollte ich euch gerade mitteilen. Ich habe erreicht, daß ich drei Begleiter mitnehmen darf. – Und noch etwas." Priskos zog ein kleines Ledersäckchen aus seinem Gewand und schwenkte es. „Dies habe ich für die Sprachpillen bekommen.“ Er öffnete das Beutelchen und schüttete Goldmünzen auf seine Hand.

Michael pfiff durch die Zähne. „Super!“

„Ob es reicht, um Heike freizukaufen?“ überlegte Thomas gleich. Priskos hob die Schultern. „Ich weiß es nicht. Mehr Gold konnte ich jedoch nicht erzielen.“ Er holte tief Luft. „Chrysaphios selbst hat die Sprachpillen gekauft.“

Diese Nachricht war für die Jungen zunächst ein kleiner Schock. „Klar“, sagte Thomas dann. „Sicher kommen viele Reisende aus fremden Ländern an den Kaiserhof, und da kann Chrysaphios die Sprachpillen gut gebrauchen.“

Priskos bestätigte es. „Erst vor zwei Tagen war eine Gesandtschaft der Hunnen da. Ich weiß nicht genau, was sie wollten. Jedenfalls sollen jetzt von Konstantinopel aus ein paar Botschafter zu Attila reisen, damit die Verhandlungen weitergeführt werden. Vigilas wird gehen, außerdem Maximinos. Maximinos hat wiederum mich gefragt, ob ich ihn begleiten wolle. Ich glaube, es ist sehr wichtig für meine Arbeit, einen Einblick von der Lebensweise der Hunnen zu bekommen.“

„Und Ihr habt auch an uns gedacht“, fiel der Professor ein, der unbemerkt in den Hof getreten war und das Gespräch mitangehört hatte.

„Natürlich“, erklärte Priskos. „Und es bestätigt meine Theorie, daß nichts auf der Welt Zufall ist. Ihr wolltet zu den Hunnen, und jetzt tut sich eine Gelegenheit auf. Das ist Schicksal, oder wie soll man es sonst nennen?“

Eine Reise mit Überraschungen

Einige Tage später brachen sie auf. Es war noch dunkel, als ein Bote mit Pferden vor Priskos' Haus hielt. Michael schleppte das Gepäck hinaus. Ein kühler Wind fegte durch die Straßen und wirbelte Staub auf. Die Pferde stampften unruhig.

Endlich saßen die Zeitreisenden und Priskos auf. Sie trugen weite Reiseumhänge.

„Wir treffen Maximinos am Stadttor", sagte Priskos und drückte seinem Pferd die Absätze in die Flanken. Das Tier setzte sich schnaubend in Bewegung. Michaels' Reittier war ein brauner, zottiger Wallach, der zur Gemütlichkeit neigte. Professor Ambrosius dagegen ritt auf einem Rappen, der so nervös war, daß er zunächst einige Schritte rückwärts machte. Der Erfinder zerrte erschrocken an den Zügeln.

„Habt Ihr kein ruhigeres Pferd für mich? Ich bin kein besonders sicherer Reiter!“

Der Bote drehte sich nach dem Professor um und musterte ihn mit einem abschätzigen Blick. „Aber Zeus *ist* ein ruhiges Pferd.“

„Na gut“, murmelte der Professor und setzte sich im Sattel zurecht. „Lieber Zeus, dann mach’ auch bitte keine Mätzchen.“ Zeus stieß ein schrilles Wiehern aus und setzte sich so unvermittelt in Trab, daß Professor Ambrosius fast das Gleichgewicht verlor. Er fiel nach vorne auf den Pferdehals und krallte sich in die dichte Mähne. Mühsam kam er wieder hoch und versuchte, sich dem Rhythmus des Tieres anzupassen.

Als sie die Stadt verließen, ging gerade die Sonne auf. Maximinos wartete mit einigen Begleitern ein Stück entfernt. Er war ein hochgewachsener Mann mit scharfen Gesichtszügen und buschigen Augenbrauen.

„Du kommst spät, Priskos“, begrüßte er seinen Freund. „Edekons Trupp wollte nicht länger warten, sondern ist schon vorausgeritten.“

„Wer ist Edekon?“ wollte Michael wissen.

„Ein vornehmer Hunne“, erklärte Priskos. „Er ist Attilas Botschafter. Du und deine Freunde werden ihn sicher noch auf der Reise kennenlernen.“

„Hm“, brummte Michael. Seine Gefühle waren zwiespältig. Einerseits mochte er ungern an die Hunnen zurückdenken, andererseits war Heike in ihrer Gewalt. Die Flucht war vermutlich nicht gelungen, sonst wäre das Mädchen längst aufgetaucht. Vielleicht war die Zeitmaschine auch ernsthaft beschädigt worden.

Michael faßte unwillkürlich die Zügel fester. ‚Hoffentlich nicht‘, dachte er inbrünstig. ‚Archie hat sicher nur wieder mal den Beleidigten gespielt. Die Zeitmaschine muß einfach noch funktionieren!‘

Er wich einem Schlagloch aus. Der Weg war in einem fürchterlichen Zustand. Räder hatten tiefe Rillen in den Boden gefressen. Links und rechts befand sich ein Graben. Er war voller Unrat. Als Michael einen Hundekadaver entdeckte, wandte er sich voller Ekel ab.

Thomas hatte das Tier ebenfalls gesehen. „Schlimm, daß er einfach so liegenbleibt“, murmelte er.

Er schluckte. „Was mag wohl inzwischen mit Moorteufel passiert sein?“

Die beiden Jungen wechselten einen Blick.

„Dem geht's sicher gut“, meinte Michael, um Thomas aufzumuntern.

„Hoffentlich“, erwiderte Thomas. Es klang nicht sehr überzeugt. Er trieb sein Pferd an, um zu den anderen aufzuschließen.

Die Zeitreisenden bildeten das Schlußlicht. Priskos ritt mit Maximinos an der Spitze, dazwischen kamen die Lasttiere und einige Bedienstete. Die Sonne stieg allmählich höher, und es wurde so warm, daß die Reisenden ihre Umhänge ablegen konnten.

„Ich fürchte, heute abend haben wir alle einen schrecklichen Muskelkater vom Reiten“, stöhnte Professor Ambrosius, der abgestiegen war und den Umhang in seiner Satteltasche verstaute. Mühsam schwang er sich wieder auf den Pferderücken. „Ich müßte mal einen Luftkissensattel oder so etwas ähnliches erfinden ...“

Am Nachmittag war es so heiß, daß sie zwei Stunden lang im Schatten rasteten und erst weiterritten, als die schlimmste Hitze vorüber war. Gegen Abend erreichten sie eine kleine Herberge. Maximinos hatte gehofft, Edekon dort zu treffen, aber offenbar übernachtete dieser mit seinem Gefolge woanders.

Sie wurden gut versorgt. Nachdem Michael sein Lager auf Flöhe kontrolliert und zum Glück keine gefunden hatte, verbrachten sie eine recht ruhige Nacht und setzten am nächsten Morgen ihre Reise fort. Im Laufe des Nachmittags holten sie Edekon ein. Michael betrachtete ihn neugierig. Edekon besaß die für die Hunnen so typischen Wangennarben. Seine Miene war undurchdringlich, und er sprach in schnellem, scharfem Tonfall. Seine aufwendige Kleidung und seine vornehme Haltung wiesen auf die adelige Abstammung hin.

„Und wer ist der dunkelhaarige Mann neben ihm?“ wollte Thomas von Priskos wissen. „Das ist doch kein Hunne?“

„Es ist Vigilas. Er kommt aus Konstantinopel und ist Dolmetscher. Dieser Mann beherrscht die Sprache der Barbaren fast so gut wie seine Muttersprache. Er hat schon bei den Verhandlungen am Kaiserhof vermittelt.“

Thomas beobachtete den Mann, der mit Edekon sprach und eifrig gestikulierte. Kein anderer Hunne war in der Nähe, und offenbar konnte auch keiner der anderen begreifen, worüber sich Edekon und Vigilas unterhielten. Thomas dagegen, der am nächsten stand und gerade sein Pferd absattelte, verstand dank der Sprachpillen einige Satzfetzen, die zu ihm herüberdrangen.

„Ihr werdet also tun, was Chrysaphios von Euch verlangt?“ fragte Vigilas soeben. Seine Miene war unbewegt, doch seine Augen huschten wachsam umher.

Thomas tat unbeteiligt und pfiff leise vor sich hin, als er dem Pferd die Vorderbeine zusammenband. Edekons Antwort konnte er nicht verstehen.

Vigilas fuhr mit gedämpfter Stimme fort: „Nach Attilas Tod seid Ihr ein gemachter Mann. Ihr werdet reich sein, in Konstantinopel wohnen, und Euer Palast wird kaum kleiner sein als der von Chrysaphios. Ich hoffe, Ihr werdet nicht vergessen, was ich für Euch getan habe.“

„Schweigt endlich, Vigilas“, herrschte Edekon ihn an. „Wollt Ihr mit Eurem Geschwätz die ganze Sache verderben?“

„Aber Herr, keiner kann uns verstehen.“ Vigilas verlegte sich aufs Schmeicheln. „Ich bin sicher, daß alles klappt. Chrysaphios wird begeistert sein.“

„Hütet Eure Zunge“, sagte Edekon eindringlich. Er schien nun wirklich verärgert zu sein.

„Darf ich Euch als Dolmetscher dienen, wenn Ihr in Konstantinopel lebt?“ bohrte Vigilas.

„Ihr werdet den Lohn bekommen, der Euch gebührt“, versicherte Edekon knapp. Er straffte die Schultern und wandte sich ab. Thomas sah, wie Vigilas eine Grimasse schnitt. Offenbar war er nicht ganz zufrieden mit der Unterhaltung.

Thomas vergaß das Gespräch. Erst kurz vor dem Schlafengehen erinnerte er sich wieder daran.

„Ist Attila krank?“ fragte er Priskos.

Priskos war erstaunt. „Nicht, daß ich wüßte. Wie kommst du darauf?“

Thomas hob die Schultern. „Nur so. Irgend jemand hat sich Gedanken um seine Gesundheit gemacht, glaube ich.“

„Vielleicht ist er erkältet“, meinte Priskos. „Wenn er ernsthaft krank wäre, dann hätten wir sicher Nachricht bekommen.“ Er klopfte Thomas auf die Schultern. „Mach’ dir keine unnötigen Sorgen. Du hast Angst um dieses Mädchen? Du liebst sie, nicht wahr?“

Thomas errötete bis zu den Haarwurzeln. Er schluckte. „Ich mag Heike sehr gerne“, brachte er dann heiser hervor. „Und ich will nicht, daß ihr etwas geschieht.“

„Keine Bange. Ich hab’ so das Gefühl, daß alles gutgehen wird“, entgegnete Priskos. „Selbst wenn Attila etwas unpäßlich ist – das wird bestimmt keine Auswirkungen auf Heike haben. Du kannst also ruhig schlafen.“

Priskos’ Worte klangen zwar tröstlich, trotzdem fand Thomas lange keinen Schlaf. Es war nicht nur die Sorge um Heike. Immer wieder mußte er an das Gespräch zurückdenken. Vigilas war davon überzeugt gewesen, Attila werde bald sterben. Hatte das etwas zu bedeuten? ‚Vielleicht hab’ ich mich auch nur verhört‘, dachte Thomas schließlich und zog sich energisch die Decke bis zum Kinn. Ein kühler Nachtwind war aufgekommen, und in der Ferne heulte ein Wolf. ‚Es kann mir ja egal sein. Es gibt wahrhaftig Wichtigeres.‘

Die Reise zu Attilas Lager war weiter, als Thomas angenommen hatte. Meistens ritt Edekon mit seinen Begleitern voraus, und so gelang es dem Jungen nicht, weitere Gespräche zwischen dem Hunnen und Vigilas zu belauschen. Die Mahlzeiten nahmen sie teils getrennt, teils gemeinsam ein. Einmal kam es bei einem Essen in einem Gasthaus zu einer Auseinandersetzung. Das Gericht war üppiger als sonst. Es bestand aus frischem Rinder- und Schaffleisch, das über dem Feuer geröstet worden war.

„Ein Hoch auf unseren Kaiser Theodosius", meinte Maximinos, während er seine Zähne in eine Keule grub.

Vigilas übersetzte. Edekon grinste. „Ein Hoch auf Attila", gab er zurück. Die Hunnen, die ihn begleiteten, murmelten beifällig und fingen an, Attila in höchsten Tönen zu loben.

Maximinos wiederum pries Theodosius. Er strich seine Vernunft und Umsichtigkeit heraus.

„Attila ist dafür mutig und tapfer", kam es von den Hunnen.

Vigilas hob die Hände. Er lachte. „Diese beiden Männer kann man doch nicht vergleichen. Zwar sind sie beide große Herrscher, aber Theodosius ist ein Gott und Attila nur ein Mensch."

Einige Sekunden lang herrschte betroffenes Schweigen. Priskos sog geräuschvoll die Luft ein. „So ein Trottel", murmelte er leise. „Damit fordert er einen Streit heraus."

Die Hunnen erhoben sich aufgebracht. Es sah aus, als würde es zu einem Handgemenge kommen.

„Das ist eine Beleidigung!" Edekon knirschte mit den Zähnen. Ein anderer Hunne hatte schon die Hand an seinem Fangseil, bereit, die Schlinge kreisen zu lassen.

Michael, der einen Moment lang draußen gewesen war und soeben hereinkam, blieb verblüfft stehen. Erschrocken betrachtete er die drohenden Mienen. Priskos winkte den Jungen zu sich.

„Du mußt helfen", zischte er. „Erzähl' irgend etwas. Daß

sich draußen die Pferde losgerissen haben, oder daß du einen Bären gesehen hast ...“

Michael schaltete rasch. Er verdrehte die Augen, rang die Hände und quietschte entsetzt: „Ein Wolf! Ein großer grauer Wolf! Er macht sich an die Pferde ’ran!“

Michaels Schauspielerei wirkte überzeugend. Zufällig erklang von draußen ein schrilles Wiehern, als seien die Pferde tatsächlich in Aufruhr.

Die Männer, eben noch bereit, sich zu schlagen, stürmten hinaus, um den vermeintlichen Wolf zu vertreiben. Hier, wo ein Dorf vom anderen weit entfernt lag, waren die Pferde sehr wichtig. Man konnte nicht riskieren, eines der Tiere zu verlieren. Schlagartig leerte sich der Raum.

Priskos hielt Michael am Ärmel fest. „Gut gemacht“, lobte er den Jungen. „Du hast die Situation gerettet. Die hätten sich sonst gegenseitig den Schädel eingeschlagen!“

„Was war denn los?“ fragte Michael atemlos.

„Vigilas ist ins Fettnäpfchen getreten“, berichtete Professor Ambrosius. „Die Sache hat schon übel ausgesehen.“

Eine Viertelstunde später kamen die Männer wieder herein. Natürlich hatten sie den Wolf nicht gefunden. Die Mißstimmung war inzwischen vergessen, und sie aßen und tranken weiter, so als sei nichts geschehen. Nur Vigilas war sehr einsilbig.

Thomas beobachtete ihn. Aus irgendeinem Grund mochte er Vigilas nicht. Vigilas hatte eine schmeichlerische, ölige Art. Zwar wirkte er unscheinbar und zurückhaltend, aber seine Augen huschten aufmerksam überall herum und schienen alles in sich einzusaugen. Thomas hatte das dumpfe Gefühl, daß Vigilas etwas im Schilde führte. Bloß was?

Als das Mahl zu Ende wahr, ging Maximinos hinaus und kam nach einer Weile wieder herein. Er trug Geschenke auf den Armen: Seidengewänder und Edelsteine. Die Hunnen machten große Augen. Maximinos verbeugte sich vor Edekon.

„Herr, nehmt diese bescheidenen Gaben als Zeichen unserer Ehrerbietung."

Edekon bedankte sich.

Dann trat Maximinos zu Orestes, einem Hunnen, der Edekon begleitete, und beschenkte ihn ebenfalls. Orestes wurde vor Freude rot. Er hatte nicht mit einer solchen Aufmerksamkeit gerechnet. Als Edekon etwas später den Raum verlassen hatte, sagte Orestes zu Priskos: „Maximinos ist ein wirklicher Herr. Am kaiserlichen Hof dagegen bin ich einfach übergangen worden. Chrysaphios hat Edekon nämlich zu einem Gastmahl gebeten, aber mich hat er dazu nicht eingeladen." Orestes verzog das Gesicht bei der Erinnerung. Die Sache mußte ihn tief gekränkt haben. Dann trank er seinen Becher Wein aus und zog sich zurück.

Die anderen saßen noch eine Weile zusammen.

„Stimmt das, Vigilas?" fragte Priskos den Übersetzer. „Warum hat Chrysaphios Orestes nicht eingeladen? Ihr seid doch bei dem Gastmahl dabei gewesen!"

Vigilas wand sich ein bißchen. „Ihr könnt Orestes nicht mit Edekon vergleichen, Priskos. Edekon ist adelig. Orestes ist zwar der Geheimschreiber Attilas, aber letztlich ein Bediensteter. Ich kann Chrysaphios schon verstehen."

„Ich nicht", entgegnete Priskos heftig. „Solche Unterscheidungen machen nur böses Blut."

Vigilas zuckte mit den Schultern. „Chrysaphios wird seine Gründe gehabt haben, nehme ich an."

Thomas hatte nur mit einem Ohr zugehört, denn er war sehr schläfrig. Ihm fielen fast die Augen zu, und er war froh, als sich die Tischgesellschaft auflöste.

Am nächsten Tag wurde er jedoch wieder Zeuge eines Gesprächs zwischen Edekon und Vigilas, und diesmal wurde er mehr als stutzig.

„Was, Orestes hat sich beschwert?" fauchte Edekon.

„Ja, Herr", antwortete Vigilas, während er einige Riemenan seinem Sattel verstellte. „Er war beleidigt, weil Chrysaphios ihn nicht eingeladen hat. Aber der wollte wohl nicht mehr Mitwisser als nötig haben. Oder habt Ihr Orestes in den Plan eingeweiht?"

„Muß ich Euch erst die Zunge abschneiden, damit Ihr aufhört, so leichtfertig zu reden?" schnaubte Edekon, und seine mandelförmigen Augen wurden zu engen Schlitzen.

Vigilas lachte. „Wovor fürchtet Ihr Euch eigentlich? Es ist doch nur dieser Junge da, und der versteht nicht, was wir sagen. Habt Ihr jetzt Angst vor Eurem Mut? Wollt Ihr Chrysaphios etwa enttäuschen und Attila nicht mehr umbringen?"

Edekon wurde dunkelrot vor Zorn. Er hatte bereits die Hand an seinem Schwert. „Noch ein Wort, Vigilas, und ich zerteile Euch auf der Stelle!"

Vigilas trat ein wenig zur Seite. „Macht keinen Fehler, Edekon! Chrysaphios würde Euch diesen Schritt sehr verübeln!"

Der Hunne steckte das Schwert zurück, warf Vigilas einen finsteren Blick zu und ging davon.

Thomas zitterte. Er hatte genug vernommen, um zu begreifen, daß Attila ermordet werden sollte. Offenbar war der Plan von Chrysaphios ausgegangen, und Edekon sollte ihn ausführen. Als Lohn winkte dem Hunnen ein luxuriöses Leben in Konstantinopel ... Der Schweiß brach Thomas aus. Ungewollt war er Mitwisser einer gefährlichen Sache geworden. Er hatte das Gefühl, daß sowohl Edekon als auch Vigilas ihm alles am Gesicht ablesen konnten. Thomas setzte sich unter einen Baum, zog die Knie ans Kinn und versuchte, sich zu beruhigen.

‚Keiner wird etwas bemerken', versuchte er sich einzureden. ‚Sie können nicht wissen, daß ich alles gehört habe.' Nach einer halben Stunde glaubte er, sich wieder in der Gewalt zu haben, und ging zu den anderen. Michael hatte gerade die Pferde gefüttert und plagte sich damit ab, die Tiere aufzuzäumen.

„Bleib stehen, du Teufel! Wirst du wohl? Muß ich dir erst die Ohren langziehen, damit du den Kopf stillhältst? – He, Thomas! Gut, daß du da bist! Vielleicht kommst du besser mit den Biestern zurecht. Mir tanzen sie schon die ganze Zeit auf der Nase herum.“ Jetzt erst blickte Michael Thomas richtig an. „Mann, was ist denn mit dir passiert? Du siehst aus, als wärst du gerade von einem Pferd getreten worden!“

„So ungefähr fühl’ ich mich auch“, murmelte Thomas, nahm Michael das Zaumzeug ab und streifte die Zügel über den Kopf des Pferdes. Es machte überhaupt keine Mätzchen, sondern hielt so ruhig, als sei es aus Stein gemeißelt.

„Wahnsinn“, sagte Michael neidisch. „Du kannst toll mit den Viechern umgehen. Ich hab’ immer den Eindruck, daß die mich alle nur ärgern wollen.“

Thomas, der mit den Gedanken woanders war, reagierte nicht auf Michaels Spötteleien.

„Eh, bist du mir böse? Hab’ ich was Falsches gesagt?“ forschte Michael. Er kannte Thomas gut. Etwas stimmte nicht.

Thomas blickte über seine Schultern. Es war niemand sonst in der Nähe, trotzdem zögerte er, seinen Freund einzuweihen.

„Los, spuck’s aus!“ drängte Michael. „Bloß keine falschen Rücksichten! Hast du erfahren, daß sie uns heute nacht umbringen wollen? Oder wollen sie uns Maikäfer unter die Decke stecken?“

„Blödsinn“, zischte Thomas. Das Pferd pustete ihm freundschaftlich ins Haar, und der Junge klopfte ihm den Hals. „Soviel ich mitgekriegt habe, ist eine Verschwörung im Gange.“ Er berichtete leise, was er gehört hatte.

Michael pfiff durch die Zähne. „Meine Güte! Und wir sind mittendrin. Was nun?“

Thomas zuckte mit den Schultern. „Keine Ahnung.“

„Am besten fragen wir Priskos“, schlug Michael vor. „Wenn jemand einen Rat weiß, dann er.“

Priskos erbleichte, als er von der Angelegenheit erfuhr. „So ist Edekon ein Verräter“, murmelte er. „Das hätte ich ihm nicht zugetraut.“ Er rieb sich nachdenklich das stoppelige Kinn. Seit sie von Konstantinopel aufgebrochen waren, hatte er sich nicht mehr rasiert. „Ein hoher hunnischer Adliger hat sich bestechen lassen, um seinen Herrn zu ermorden. – Und ich dachte immer, die Hunnen seien nicht käuflich."

„Es ist vermutlich abhängig von der Höhe der Geldsumme", bemerkte Professor Ambrosius. Er machte sich Sorgen. Der Mordplan konnte böse Folgen für ihr Unternehmen haben. Er hatte gehofft, Heike mit Gold auslösen zu können, aber wenn Attila nun plötzlich unter mysteriösen Umständen ums Leben kam, gab es im Lager sicher Aufruhr und Durcheinander.

„Wie können wir den Mord verhindern?" warf Michael ein.

„Wir müßten Attila über Edekons Pläne informieren", sagte Thomas.

Professor Ambrosius rang die Hände. „In diese Sache eingreifen? Ihr wißt doch, wie sehr es mir widerstrebt, den Ablauf der Geschichte zu ändern."

Priskos wurde hellhörig. „Was sagt Ihr da? Weshalb redet Ihr so, als sei das, was gerade geschieht, bereits Vergangenheit?"

Professor Ambrosius nahm nervös seine Brille ab und wischte sich über die Augen. „Priskos, ich schätze Euch sehr, aber bitte zwingt mich nicht, diese Frage zu beantworten. Dort, wo wir herkommen, herrscht ein anderes Verständnis der Zeit. Mehr kann und darf ich nicht sagen."

„Das klingt sehr rätselhaft", erwiderte Priskos. „Ich würde Euer Land gerne einmal sehen." Seine Augen verdunkelten sich. „Aber das ist im Moment nicht das Problem. Laßt mich nachdenken, was man in dieser schlimmen Angelegenheit unternehmen kann."

Sie kamen jedoch nicht dazu, irgendwelche Pläne zu schmieden, denn Maximinos drängte zum Aufbruch. Es war eine beschwerliche Wegstrecke, die sie zurücklegen mußten. Oft war es nötig, abzusitzen und die Pferde am Zügel zu führen. Es gab schlammige Stellen, wo die Tiere mit ihren Hufen einsanken und die Männer knöcheltief im Schmutz wateten. Sie kamen an Städten vorbei, die von den Hunnen zerstört worden waren. Die Menschen, die überlebt hatten, waren krank und siechten in Spitälern vor sich hin. Einmal gelangten die Reisenden an einen Fluß. Edekon

führte den Zug durchs flache Wasser, denn das Ufer war übersät mit Gebeinen. Es waren nicht nur die Knochen von Pferden …

Michael hielt seinen Blick starr aufs Wasser gerichtet. Er kämpfte gegen die Übelkeit an. Thomas und dem Professor erging es ähnlich. „Wir werden Heike niemals finden", murmelte Thomas. „Ganz sicher kommen wir zu spät."

Priskos ertrug den Anblick mit etwas mehr Gleichmut. Er war an die Spuren gewohnt, die Krieg und Zerstörung überall hinterlassen hatten. Die Auseinandersetzung zwischen den Hunnen und den Bewohnern dieses Landstrichs dauerte schon jahrelang an. Daß Konstantinopel bisher verschont worden war, lag an dem Friedensvertrag zwischen Attila und Theodosius.

„Attila ist mächtig", sagte Priskos. „Sein Heer verbreitet Angst und Schrecken. Er kann praktisch jede Summe verlangen, damit Konstantinopel unversehrt bleibt."

„Kein Wunder, daß Theodosius und Chrysaphios einen Haß auf ihn haben und ihn ermorden lassen wollen", entgegnete der Professor. Priskos nickte. „Was mich an der Angelegenheit stutzig macht, ist, daß Edekon auf diesen meuchelmörderischen Plan eingegangen ist."

„Vielleicht tut er ja nur so", warf Michael ein.

„Manchmal wäre es wirklich sehr nützlich, die Gedanken anderer Menschen lesen zu können", antwortete Priskos. „Natürlich ist es möglich, daß Edekon nur dem Schein nach auf den Mordplan eingegangen ist und ihn brühwarm seinen Herrn erzählt."

„Dann gnade Gott dem Chrysaphios", brummte Professor Ambrosius.

Da trat Priskos' Pferd in ein Loch auf dem Flußgrund. Es stolperte, und Priskos rutschte halb vom Pferd. Er wurde bis zu den Hüften naß. Mit verbissenem Gesicht kletterte er wieder auf den Pferderücken. „Das war ein schlechtes Omen. Wir sollten das heikle Thema vermeiden. Ich denke, das Beste in dieser Sache ist, einfach abzuwarten. Edekon kann sich so oder so entscheiden, und Michaels Idee hat einiges für sich."

„Ich kann mich beim besten Willen nicht daran erinnern, ob Attila ermordet worden ist", sagte Professor Ambrosius nachdenklich.

„Ihr redet schon wieder so rätselhaft", bemerkte Priskos, fragte aber nicht weiter.

Thomas und Michael wechselten einen Blick. Thomas runzelte die Stirn. Michael blinzelte zurück. Die Jungen waren sich einig: Sie fanden den Entschluß der Männer nicht besonders gut.

„Sie gefährden Heike", meinte Thomas, als der Professor und Priskos außer Hörweite waren.

Michael rieb sich die Nase. „Stell dir mal vor, wir würden Attila über den Mordplan informieren. Bestimmt wäre er uns dankbar und würde Heike freilassen."

Thomas wiegte den Kopf. „Oder er würde uns einen Kopf kürzer machen lassen, weil er uns für Schwindler hält. Überleg' doch mal, wir haben überhaupt keinen Beweis. Edekon wird alles abstreiten, und Vigilas lügt sicher auch wie gedruckt."

„Verflixt, du hast recht", gab Michael zu. Kurz darauf erhellte sich sein Gesicht. „Und wenn wir Attila eine anonyme Warnung schicken? Dann weiß er nicht, daß wir etwas damit zu tun haben."

„Das wäre eine Möglichkeit", räumte Thomas ein. „Allerdings dürfen wir in diesem Fall nicht darauf bauen, daß Attila als Gegenleistung Heike freiläßt."

„Aber Onkel Ambrosius hat ja das Gold", erwiderte Michael.

Schweigend ritten sie weiter, während das Wasser um die Beine der Pferde plätscherte. Beide Jungen grübelten darüber nach, wie man Attila eine solche anonyme Botschaft zukommen lassen konnte. Dank der Sprachpillen konnten sie zwar die hunnische Sprache verstehen und reden, aber es war eine andere Sache, einen Brief an Attila zu verfassen.

„Ich hab's", flüsterte Michael nach einer Weile. „Wir zeichnen einfach einen Mann, dem ein Messer in der Brust steckt. Diese Nachricht schmuggeln wir unter die Geschenke, die für Attila bestimmt sind."

Thomas mußte zugeben, daß die Idee nicht schlecht war. Priskos hatte Schreibzeug dabei, denn er machte sich unterwegs immer Notizen. Es war sicher nicht schwer, sich das nötige Material zu beschaffen ...

Michael lag auf dem Bauch. Als Schreibunterlage diente ein großer flacher Stein. Der Junge fuhr sich voller Eifer mit der Zunge über die Lippen. Er kritzelte emsig mit einer alten Gänsefeder auf einem Stück Papyrus herum. Thomas hielt einen brennenden Ast hoch, damit Michael für seine Zeichnung genug Licht hatte.

„Wann bist du endlich fertig?" zischte Thomas.

„Gleich." Michael malte dem gezeichneten Männlein ein Messer in die Brust. „O verflixt, jetzt hab' ich einen Klecks gemacht!"

„Zeig her." Thomas beugte sich über das Bild. Es war zwar nicht besonders kunstvoll, aber immerhin konnte man erkennen, was es darstellen sollte. Als Warnung mochte es genügen.

„Gut! Falte das Blatt zusammen!" Thomas sah sich um. Priskos und der Professor näherten sich. Sie führten wieder einmal eine von ihren endlosen Diskussionen. „Beeil' dich!"

„Mist, die Tinte ist noch nicht trocken", murmelte Michael. Er pustete auf sein Blatt, aber das half auch nicht viel. „Los, lenk sie ab! Erzähl' ihnen, daß du ein Hühnerauge auf der Fußsohle hast oder so! Fünf Minuten muß das Zeug noch trocknen, sonst war alles für die Katz'!"

Thomas lief dem Professor und Priskos entgegen und brachte sie dazu, noch einmal zu den Pferden zu gehen.

„Zeus hat sich heute abend so seltsam verhalten, vielleicht kriegt er eine Kolik", log Thomas. „So etwas ist bei Pferden ziemlich schlimm."

Natürlich war Zeus vollkommen in Ordnung, als Professor Ambrosius und Priskos nach ihm sahen. In der Zwischenzeit beseitigte Michael alle verdächtigen Spuren. Er steckte Tintenglas und Federkiel in Priskos Gepäck zurück, faltete das getrocknete Blatt und verbarg es unter dem großen Stein. Dann breitete er seine Decke darüber. Diesmal verbrachten sie die Nacht im Freien. Zum Glück regnete es nicht. Am Himmel funkelten unzählige Sterne.

„Morgen abend werden wir Attilas Lager erreichen", verkündete Professor Ambrosius, als er sich ächzend neben Michael ausstreckte. „Endlich hat diese Reise ein Ende."

„Und wenn Ihr Glück habt, dann werdet Ihr diese Heike wiedersehen", vernahmen die Zeitreisenden Priskos' Stimme in der Dunkelheit.

„Das hoffe ich sehr", sagte Professor Ambrosius mit einem tiefen Seufzer. Die Jungen wußten, daß der Erfinder nicht nur an Heike dachte. Sicher fragte er sich auch, was mit der Zeitmaschine geschehen war. Wo befand sie sich, und in welchem Zustand würde sie sein? Würde sie überhaupt noch funktionieren?

Die Spannung, was der nächste Tag bringen würde, ließ die Zeitreisenden in dieser Nacht wenig Schlaf finden. Michael warf sich unruhig von einer Seite zur anderen. Er grübelte. Wie konnten sie das Blatt mit der Warnung unter den Geschenken verstecken, die für Attila bestimmt waren? Einen Teil der Geschenke hatte Maximinos, das meiste aber war bereits bei Edekons Gepäck. Michael nagte an seiner Unterlippe. Angenommen, er würde den Hunnen ablenken, dann konnte Thomas das Blatt schnell in den Sack mit den Seidengewändern schieben.

‚Ich brauche allerdings einen guten Vorwand', überlegte Michael. Er zermarterte sich das Gehirn, aber ihm wollte nichts einfallen. Gegen Morgen kam ihm endlich eine Idee. Er würde Edekon nach dem Gebrauch der Wurfschlinge fragen. Die Art, wie die Hunnen die Lederschnur schleuderten, hatte etwas Faszinierendes. Mit großer Sicherheit trafen sie ihr Ziel. Ganz sicher gab es da einen Trick, und den wollte Michael von Edekon erfahren.

Thomas war mit dem Plan einverstanden. Er erinnerte Michael noch an einen wichtigen Punkt.

„Du mußt zu Vigilas gehen, damit er dolmetscht. Edekon weiß doch nicht, daß wir seine Sprache verstehen.“

Michael lief rot an. „Hätte ich glatt vergessen“, gab er zu. Zwar widerstrebte es ihm, Vigilas' Dienste in Anspruch zu nehmen, denn er konnte dessen schleimige Art nicht ausstehen. Aber diesmal ging es nicht anders.

Während Priskos und Professor Ambrosius sich an einem nahegelegenen Bach wuschen, stahlen sich Michael und Thomas davon. Edekon stand schon bei seinem Pferd und wollte eben aufsitzen. Auch seine Lasttiere waren bereits beladen, wie Thomas mit einem Blick feststellte.

Vigilas mühte sich noch mit dem Zaumzeug ab. Sein Pferd schnaubte nervös und rollte mit den Augen. Sowohl Vigilas als auch sein Reittier schienen schlechte Laune zu haben.

„Du verdammtes Mistvieh, wirst du wohl stillstehen?“ Der Rappe stellte sich auf die Hinterbeine. „Halt still, hab' ich gesagt!“ fauchte Vigilas. Das Pferd hörte auf zu steigen, wich aber vor dem Mann zurück. Vigilas gelang es, ihm den Zügel über den Kopf zu werfen. Da bemerkte er Michael. „Du hast wohl deine Freude dran, zuzusehen, wie das Biest mich foppt?“ herrschte er den Jungen an.

„Nnnnein“, stotterte Michael, dem allmählich das Herz in die Hosentaschen rutschte, denn jetzt kam ihm das, was er sich vorgenommen hatte, ziemlich waghalsig vor. „Ich wollte Euch bitten ... ich möchte Edekon sprechen ...“ Er verhaspelte sich.

„Jetzt?“ schnaubte Vigilas. „Ist es denn so wichtig?“

Michael nickte.

Zum Glück forschte Vigilas nicht nach den näheren Gründen. Er seufzte nur, um zu betonen, wie lästig ihm Michael fiel, aber dann ging er mit dem Jungen zu Edekon. Michael sah aus den Augenwinkeln Thomas, der so tat, als interessiere er sich für ein stämmiges Pferd.

Vigilas wechselte mit Edekon ein paar Worte. „Herr, dieser junge Schafskopf will unbedingt mit euch reden."

Es wurde Michael heiß vor Zorn. ‚Selber Schafskopf!' dachte er grimmig. Vigilas konnte natürlich nicht wissen, daß er alles verstanden hatte!

Der Hunne wandte sich Michael zu und betrachtete ihn mit schmalen Augen. Der Junge schluckte. In diesem Augenblick fand er seinen ganzen Plan lächerlich und albern.

„Er will wissen, warum du ihn sprechen möchtest", drängte Vigilas. „Los, wir haben nicht den ganzen Vormittag Zeit!"

„Ehrenwerter Herr", stammelte Michael. „Ich habe Euch schon so oft beobachtet, wie Ihr Eure Schlinge geworfen habt. Bisher hatte ich nie den Mut, Euch nach dem Trick zu fragen. Heute werden wir Attilas Lager erreichen, und vermutlich habe ich dann keine Gelegenheit mehr, mit Euch zu reden." Er machte ein unschuldiges Gesicht.

Edekon war teils verblüfft, teils geschmeichelt von Michaels Bitte. „Und warum kommst du ausgerechnet zu mir, wenn du den Trick wissen willst?" fragte er. Er machte eine ausladende Handbewegung. „Alle meine Krieger können mit dem Wurfseil umgehen."

Michael wartete, bis Vigilas alles übersetzt hatte, dann sagte er: „Aber Ihr, Herr, seid der Meister."

Edekons Mundwinkel zuckten. „Na gut." Er trat einige Schritte zur Seite, um mehr Bewegungsfreiheit zu haben, nahm das Wurfseil in die Hand und zeigte Michael, wie das Seil in der Hand liegen mußte. Dann drehte er die Schlinge blitzschnell herum und ließ sie in der Luft kreisen. Ehe Michael es richtig begriff, flog das Seil los wie ein Pfeil und legte sich um den nächsten Strauch. Es war ein wirklich beeindruckender Wurf.

Michael pfiff durch die Zähne. „Wow!"

Edekon führte ihm die Sache noch einige Male vor, dann hielt er ihm das Seil hin, und Michael sollte das Werfen selbst probieren. „Kann ich bestimmt nicht“, brummte der Junge. Er versuchte, das nachzumachen, was er gesehen hatte, aber schon beim ersten Versuch klatschte ihm der Lederriemen schmerzhaft ins Gesicht. Edekon lachte laut.

Michael versuchte es ein zweites Mal, aber das Ergebnis war ähnlich. Beim dritten Mal fiel die Schlinge flach auf den Boden.

„Das lerne ich nie im Leben!“ stöhnte Michael. Er mußte sich sehr beherrschen, um sich nicht umzudrehen. Wie weit war Thomas? Hatte er das Blatt schon versteckt? Michael wickelte die Schlinge wieder um den Arm.

„Zeigt es mir noch einmal“, bat er Edekon.

Vigilas übersetzte. Doch Edekon hörte gar nicht richtig hin. Hinter ihnen ertönte das Wiehern eines Pferdes. Edekon schnellte herum. In diesem Augenblick wußte Michael, daß der Hunne offenbar Augen im Rücken hatte und daß der ganze Plan ein einziger Fehler gewesen war.

Ein Alptraum begann.

In wenigen Sätzen war Edekon bei Thomas, sprang ihn von hinten an und warf ihn auf den Boden. Dann kniete der Hunne über ihm und hielt ihm die Kehle zu.

„Du wolltest stehlen!“

„Nein, ich ... äh ...“ Thomas rollte mit den Augen. „Luft!“

Edekon ließ ihn überrascht los. Thomas hatte in seiner Angst in der Sprache der Hunnen geredet. Edekons Augen verengten sich.

„Du verstehst uns! Woher kannst du diese Sprache?“ Da Thomas nicht gleich antwortete, zückte er sein Messer und setzte es ihm auf die Brust. „Rede, oder du wirst keine Gelegenheit mehr dazu haben.“

„Ich ... ich habe es gelernt“, ächzte Thomas. Schweißperlen sammelten sich auf seiner Stirn. Er blickte in Edekons Augen. Diese ließen ihn nicht los.

‚Das ist das Ende', dachte Thomas. ‚Alles war vergebens. Er wird sich daran erinnern, daß ich dabei war, als Vigilas von dem Mordplan sprach.' Er stöhnte und flehte innerlich um ein Wunder.

„Was hast du in meinem Gepäck gesucht?" schnauzte Edekon.

„Ich ... ich wollte Gold", log Thomas.

Vigilas schleppte Michael an. „Die beiden haben uns mit einem miesen Trick hereingelegt!"

Das war das letzte, was Thomas hörte. In diesem Moment bekam er einen so heftigen Schlag ins Gesicht, daß er das Bewußtsein verlor.

„Leben wir noch?" stöhnte Michael. „Ich bin mehr tot als lebendig."

Thomas ächzte. Er bekam die Augen fast nicht auf, so verquollen war sein Gesicht. Sein Kopf fühlte sich an, als sei er dreimal so dick wie gewöhnlich. Sein Kiefer schmerzte, so daß Thomas zuerst glaubte, er sei gebrochen. Vorsichtig berührte er sein Kinn. Es tat teuflisch weh, schien aber nur eine Prellung zu sein.

„Was ist passiert?" Thomas' Stimme war kaum mehr als ein Flüstern. „Wo sind wir?"

Sie saßen im Halbdunkel einer Jurte. Wie sie da hineingekommen waren, wußte keiner von ihnen.

„Was wird mit uns geschehen?" fragte Michael bang. Er war am ganzen Körper blau und zerschlagen. An den Hand- und Fußgelenken befanden sich wunde Stellen. Dort hatten Fesseln tief eingeschnitten.

„Kannst du mich nichts Einfacheres fragen?" entgegnete Thomas. Er versuchte, sich an die vorangegangenen Ereignisse zu erinnern, aber sein Schädel brummte wie ein Bienenstock.

„Sie haben uns erwischt", murmelte Michael. „Ich hab' gedacht, sie bringen uns um."

„Offenbar haben sie es doch nicht getan", sagte Thomas.

„Vielleicht denken sie sich erst noch etwas besonders Schlimmes für uns aus“, überlegte Michael.

In diesem Augenblick wurde der Eingang der Jurte zurückgeschlagen. Die Jungen fuhren zusammen. Michael wurde stocksteif vor Angst. Seine Erleichterung war ungeheuer, als er den Mann erkannte.

„Priskos!“

Priskos sah erschöpft aus. Er kauerte sich auf den Boden und schlug die Beine unter.

Michael überfiel ihn mit Fragen. „Wo sind wir? Was wird mit uns geschehen? Warum hat uns Edekon nicht gleich getötet? Wo ist Onkel Ambrosius?“

Priskos streckte abwehrend die Hände aus. „Langsam. Alles der Reihe nach.“ Seine Stimme klang sehr müde. „Ich habe geredet wie ein Buch, um euch zu retten. Niemand wird euch töten, falls ihr nicht noch einmal eine solche Dummheit begeht.“ Er zog etwas aus seinem Gewand und warf es Michael vor die Füße. Der Junge griff danach. Es war das Blatt mit der Warnung.

„Oh ...“ Mehr konnte Michael nicht sagen.

„Ihr habt eurem Freund Ambrosius einen großen Schrekken versetzt. Habt ihr keine Ehrfurcht vor dem Alter?“ brummte Priskos.

„Wieso ... weshalb?“ Thomas versuchte, sich aufzusetzen. Es gab keinen Muskel, der nicht wehtat, doch er biß die Zähne zusammen. Priskos saß mit gesenktem Kopf da. Er blickte kein einziges Mal auf, während er sprach.

„Maximinos hat gleich nach eurer Gefangennahme mit Edekon gesprochen. Er pochte darauf, daß ihr als meine Begleiter unter diplomatischem Schutz stündet – also daß ihr sozusagen ‚unantastbar‘ seid. Edekon behauptete, dieser Schutz gelte nur für Maximinos, Vigilas und mich. Ich habe mich für euch entschuldigt und gesagt, daß ihr erstens dumm seid und zweitens aus einem fernen Land kommt, wo andere Gebräuche gelten als hier. Ich versuchte Edekon zu beschwichtigen und versprach ihm, seinen Schaden doppelt zu ersetzen. Als Edekon nachsah, was wirklich fehlte, entdeckte er euer Blatt.“ Priskos räusperte sich. „Das gab dem Gespräch natürlich eine andere Richtung.“ Er zögerte. „Wäre Edekon wirklich ein Verräter, so würden wir jetzt vermutlich im Jenseits diskutieren.“

„Was heißt das?“ fuhr Michael auf.

„Ich hatte mit Edekon ein Gespräch unter vier Augen. Dank eurer Sprachpillen benötigten wir Vigilas nicht. Ich erzählte Edekon, was ihr von dem Plan gehört habt – und verließ mich bange Sekunden lang auf mein inneres Gespür.“ Priskos seufzte. „Zum Glück hat es mich nicht getrogen. Edekon ist seinem Herrn Attila keinen einzigen Augenblick lang untreu gewesen. Er hatte niemals vor, Attila wirklich umzubringen. Jetzt verlangt Attila Chrysaphios’ Auslieferung.“

„Wie? Was?“ Michael fuhr sich verwirrt über die Stirn. „Weiß er es denn schon? Eh, sind wir etwa bereits in seinem Lager?“

„Euer Zeitgefühl scheint tatsächlich etwas durcheinander geraten zu sein“, sagte Priskos. „Seit eurem dummen Streich sind bereits einige Tage vergangen.“

„O Mann!“ Michael war verblüfft. „Das gibt’s doch gar nicht!“

„Wahrscheinlich haben sie euch mit einem Mittel betäubt“, fuhr Priskos fort. „Inzwischen hat Vigilas vor Attila den Mordplan gestanden. Natürlich nicht freiwillig. Attila hat ihn gefragt, woher Vigilas soviel Gold hat. Vigilas hat selbstverständlich gelogen. Erst als Attila drohte, Vigilas’ Sohn umzubringen, hat Vigilas ausgepackt.“ Priskos hob die Schultern. „Der Plan, den sich Chrysaphios so schlau ausgedacht hat, war ein Fehler. Damit hat er Attila nämlich nur einen neuen Trumpf in die Hand gespielt. Jetzt kann Attila von Theodosius verlangen, was er will. – Und das ist im Moment die Auslieferung des Eunuchen Chrysaphios.“

„Puh!“ Michael stieß die Luft aus. „Klingt ziemlich kompliziert.“

Priskos blickte auf. „Das ist ein sehr interessantes Stück Geschichte, mein junger Freund, und du kannst deinen Kopf darauf verwetten, daß ich diese Sache haargenau aufschreibe."

„Apropos Kopf", sagte Thomas. „Was ist jetzt mit uns? Sind wir frei oder was?"

„So frei wie Ambrosius und ich", entgegnete Priskos.

Michael wollte losjubeln, doch da fiel ihm etwas ein. „Moment mal! Wir sind also inzwischen in Attilas Lager. Wo ist Heike?"

„Das ist eine andere Geschichte", antwortete Priskos. „Heike ist leider nicht mehr hier."

Michael erbleichte.

„Was heißt das?" fragte Thomas tonlos.

„Sie war hier, hat ein Pferd gestohlen und ist damit geflohen", sagte Priskos. „Euer Ambrosius ist überzeugt, daß Heike ein ganz bestimmtes Ziel hat. Angeblich wißt ihr, was das ist. Der Diebstahl ist schon einige Tage her. Attila hat zwanzig Krieger ausgeschickt, um Heike zu verfolgen. Das Pferd muß ein außergewöhnlich wertvolles Tier sein."

„Und wenn sie Heike erwischen?" fragte Michael bang.

Es dauerte diesmal lange, bis Priskos antwortete. „Ich fürchte, in diesem Fall nützt mein ganzes Redetalent nichts mehr."

Heikes abenteuerlicher Ritt

‚Noch nie im Leben bin ich so müde gewesen', dachte Heike erschöpft. ‚Und auch noch nie so einsam.'

Mutlosigkeit überkam sie.

Sie hatte das Gefühl, daß sie nicht einmal mehr genügend Kraft hatte, um das Feuer in Gang zu halten. Als sie Holz nachlegte, zitterten ihre Hände. Knisternd leckten die Flammen an den Ästen.

‚Ob man den Feuerschein weit sieht?' schoß es Heike durch den Kopf. Vielleicht war es unvorsichtig, gerade an dieser Stelle, wo man die Ebene so gut überblicken konnte, ein Feuer anzuzünden. Aber sie konnte einfach nicht mehr weiterreiten, nicht in dieser Nacht. Beim Absitzen war sie fast von Steppenwind gefallen. Sie spürte Beine und Gesäß kaum noch. Den ganzen Tag hatte sie auf dem Pferderücken verbracht.

Heike streckte sich flach auf der Erde aus. Sie war so erschöpft, daß sie keinen Hunger verspürte. Am Himmel glänzten die Sterne. Heike versuchte, die einzelnen Sternbilder zu erkennen, aber selbst dazu war sie zu müde.

„Ich schaffe es nie bis zur Zeitmaschine! Ich weiß ja kaum noch den Weg!" Tränen traten ihr in die Augen. Moorteufel merkte Heikes Traurigkeit und drängte sich an sie. Heike fuhr mit den Fingern durch sein Fell.

„Du willst mich trösten. Das ist lieb von dir." Sie biß sich auf die Lippen, um nicht laut loszuheulen. Hätte sie die Zeitmaschine nicht schon längst erreichen müssen? Sie hatte geglaubt, sich an jede Einzelheit der Strecke erinnern zu können, aber dann wurde sie doch von tausend Zweifeln geplagt. Mußte sie an diesem Busch abbiegen oder an jenem? Ritt sie am richtigen Flußufer entlang? Immer, wenn sie sich für eine Richtung entschieden hatte, kam es ihr nach einer Weile so vor, als sei es die falsche. Wenn nur jemand dabei gewesen wäre, den sie hätte fragen können.

„Ach, Moorteufel." Heike seufzte. „Warum kannst du nicht reden wie ein Mensch?" Sie blickte zu Steppenwind hinüber. Der Hengst graste ruhig. Heike fesselte ihm nachts niemals die Hufe. Er blieb auch so bei ihr.

Jetzt sah Heike, wie Steppenwind den Kopf hob. Der Wind spielte mit seiner Mähne. Der Hengst spitzte die Ohren. Hörte er etwas? Mißtrauisch geworden, setzte sich Heike auf und lauschte angestrengt. Sie ahnte, daß man sie verfolgen würde. Tagsüber war sie stets bemüht, so wenig Spuren wie möglich zu hinterlassen. Wenn sie die Richtung wechselte, ritt sie möglichst auf steinigem Grund, wo die Pferdehufe keine Abdrücke verursachten. Steppenwind wieherte leise. Irgend etwas stimmte nicht.

‚Ich muß das Feuer löschen', dachte Heike instinktiv. Sie schnellte hoch und trat die Flammen aus. Dann schaufelte sie eilig Erde und Sand auf die Glut. Das Ganze hatte nur wenige Sekunden gedauert, doch Heike war schweißnaß. Sie zitterte am ganzen Leib. Wenn tatsächlich Verfolger in der Nähe waren, würde sie ihnen nicht entkommen. Sie hatte einfach keine Energie mehr, um in dieser Nacht weiterzureiten.

Steppenwind tänzelte nervös. Heike dagegen sah und hörte nichts. Sie warf sich auf den Boden und preßte ihr Ohr auf die Erde. Doch das einzige, was sie vernahm, war das Pochen ihres eigenen Herzens. Kein Dröhnen von Pferdehufen, kein Getrappel ... Offenbar hatten die Verfolger sie doch noch nicht aufgespürt. Heike schloß erschöpft die Augen. Sie weinte fast vor Erleichterung.

Aber warum war der Hengst dann so unruhig?

Jetzt hörte Heike ein langgezogenes Klagen. Ein Schauder lief ihr über die Haut. Ein Wolf war in der Nähe! Und sie hatte das Feuer gelöscht! Panik wollte sie überfallen. Dann rief sich Heike energisch zur Vernunft. Sie versuchte, sich an alles zu erinnern, was sie je über Wölfe gelesen hatte. Die meisten Erzählungen, in denen Wölfe Menschen einfach anfielen, entsprangen der reinen Phantasie. Wölfe jagten in Rudeln, und ihre Beute war meist ein krankes oder geschwächtes Tier. Ein Einzelgänger würde es wohl nicht wagen, sie anzugreifen.

‚Außer der Wolf ist sehr, sehr hungrig', dachte Heike. Sie bekämpfte ihre aufsteigende Angst. ‚Wir sind immerhin zu dritt. Das wagt er nicht. Wölfe sind feige ...'

Trotzdem blieb ein ungutes Gefühl zurück. Heike versuchte, das Feuer wieder zu entfachen, aber es gelang nicht. Sie hatte keine Kraft mehr, um Funken zu schlagen.

„Auf alle Fälle muß ich wachbleiben", sagte sich Heike. Sie umklammerte einen starken Ast, um sich notfalls verteidigen zu können. Außerdem besaß sie noch das Schwert.

Während der ganzen Nacht hörte sie den Wolf. Einmal erklang das Geheul ganz in der Nähe, dann wieder weiter entfernt. Nie gelang es Heike, den Wolf zu sehen. Gegen Morgengrauen war es endlich still. Der Wolf hatte sich davongemacht.

Moorteufel stieß Heike mit der Schnauze an. Trotz aller guten Vorsätze war sie eingenickt.

Die Sonne stieg strahlend auf. Auf den Grashalmen glitzerte der Tau. Der Anblick gab Heike neue Kraft, und sie schöpfte wieder etwas Mut. Sie hatte die Nacht überstanden, sie würde auch die Zeitmaschine wiederfinden!

Nachdem sie gefrühstückt hatte, schwang sie sich auf Steppenwinds Rücken. Der Hengst war ausgeruht, und auch Moorteufel war recht munter. Sie kamen flott voran.

Am Nachmittag zogen dicke Wolken auf. Heike blickte besorgt zum Himmel. Sie kannte sich inzwischen gut genug aus, um zu wissen, daß es ein Unwetter geben würde.

Als die ersten Tropfen fielen, entdeckte Heike eine Schlucht. Das mußte die Schlucht sein, an deren Ende die Zeitmaschine stand! Heikes Herz machte einen Sprung. Also hatte sie doch den richtigen Weg gefunden!

Sie trieb Steppenwind an. Der Wind war stärker geworden und kam von Nordwesten. Er peitschte ihr den Regen ins Gesicht. Sie kamen nur mühsam vorwärts.

Der Himmel war blauschwarz. Der Regen wurde immer dichter, ein richtiger Schleier. Heike mußte aufpassen, daß sie Moorteufel nicht verloren.

Rinnsale bildeten sich am Boden, die Erde weichte auf und wurde zu Schlamm. In der Schlucht nebenan schäumte der Fluß. Wie schnell das Wasser in der kurzen Zeit gestiegen war!

Ein schrecklicher Gedanke kam Heike. Wenn das Wasser nun die Zeitmaschine erreichte und ins Innere eindrang? Die Elektronik war gegen Nässe sehr empfindlich. Regen allein machte der Zeitmaschine zwar nichts aus, aber wenn ein Fluß sie mitriß ... Heike zwang sich, an etwas anderes zu denken. So kurz vor dem Ziel durfte sie nicht scheitern!

„Lauf, Steppenwind!“ feuerte sie den Hengst an. „Bitte, bitte, streng’ dich an!“

Die Angst ließ ihr keine Ruhe mehr.

Endlich hatten sie das Ende der Schlucht erreicht. Heike erkannte den Platz genau wieder. Dort hatten sie damals gelagert. Und hier war die Stelle, wo die Hunnen die Zeitmaschine in die Schlucht gebracht hatten.

Heike saß ab. Ihre Beine drohten nachzugeben, aber sie achtete nicht darauf. Einmal fiel sie der Länge nach in den Schmutz. Doch sie war ohnehin schon bis auf die Haut naß. Sie stolperte den Abhang hinunter. Dort, etwa fünf Meter links von ihr, glänzte etwas. Die Zeitmaschine!

Ein kleiner Erdrutsch hatte einen Teil der Maschine verdeckt. Doch der Eingang war frei, wie Heike erkannte. Auch der Fluß hatte die Maschine noch nicht erreicht. Er schäumte ungefähr dreißig Zentimeter unterhalb von ihr vorbei ...

Heike balancierte an der Böschung entlang. Der Weg war schmierig. Sie rutschte bei jedem Schritt. Moorteufel erging es nicht viel besser. Er war inzwischen völlig schlammbedeckt. So, wie er aussah, hätte ihn nicht einmal Thomas erkannt.

Endlich erreichte Heike die Zeitmaschine. Sie klammerte sich an die Öffnung und war mit einem Schritt im Innern. Alles war trocken und schien unberührt. Heike atmete tief durch.

„Archie?"

Nichts geschah. Das Mädchen drückte auf einigen Knöpfen am Schaltpult herum, schaltete auf Handsteuerung und versuchte, die Reserve-Energie zu aktivieren.

„Archie? Melde dich doch! Ich weiß, daß du mich hören kannst!" Heikes Stimme klang immer verzweifelter. Hatte sie die abenteuerliche Flucht etwa nur unternommen, um festzustellen, daß die Zeitmaschine kaputt war?

Blind vor Tränen drückte sie noch einmal alle Tasten. Nichts rührte sich.

„Verdammt!" Heike ließ sich auf einen Sitz fallen und schluchzte los. „Es war alles vergebens, Moorteufel!"

Moorteufel, ein nasses Schlammbündel, preßte sich gegen ihre Knie und sah sie mit seinen treuen, braunen Augen an.

„Hör' endlich auf zu heulen, das vertrag' ich nicht!" ertönte plötzlich eine weinerliche Stimme.

Heike blickte sofort auf. Es war niemand außer ihr in der Maschine. „Archie?" fragte sie noch einmal.

Aus dem Lautsprecher kam ein verlegenes Grunzen.

„Also doch!" Heike schwankte zwischen Wut und Erleichterung. „Wie kannst du mich nur so zum Narren halten, Archie!"

„Tut mir leid", sagte Archie zerknirscht. „Aber es war so entsetzlich langweilig in der letzten Zeit. Und außerdem", seine Stimme nahm einen beleidigten Tonfall an, „habe ich mir geschworen, nie mehr mit einem von euch zu reden. Mein Schöpfer hat mich in meiner Platinen-Ehre gekränkt. Er hat *Idiot* zu mir gesagt und sich bisher nicht dafür entschuldigt."

„Dann tue ich es jetzt an seiner Stelle", murmelte Heike. „Verzeih'. Du weißt doch, du bist unersetzlich für uns. Ohne dich können wir niemals ins zwanzigste Jahrhundert zurückkehren."

Archie räusperte sich. „Schon gut."

Heike warf einen Blick aus der Einstiegsluke. Das Wasser stieg noch immer. Sie durfte keine Zeit verlieren.

„Onkel Ambrosius, Michael und Thomas müssen in Konstantinopel sein. Versuche, sie ausfindig zu machen. Onkel Ambrosius hat doch in jede Kapsel mit den Sprachpillen einen kleinen Sender eingebaut."

„Ach ja, ich erinnere mich", kam es von Archie. „Das war eine ausgezeichnete Idee von meinem Schöpfer, nicht wahr?"

„Ja, ganz toll." Heike wurde zunehmend nervöser. Archie wollte offenbar einen kleinen Plausch halten, aber jetzt war wirklich keine gute Gelegenheit dazu.

„Archie", sagte Heike eindringlich, „das Wasser steigt und steigt. Ein paar Minuten noch, dann erreicht der Fluß die

Zeitmaschine. Wer weiß, was dann alles passiert.“ Ihr Tonfall wurde flehend. „Bitte!“

„Okay“, sagte Archie. „Ich habe keine Lust, daß meine Schaltkreise geduscht werden. – Mein Schöpfer ist in Konstantinopel, hast du gesagt?“

Heike nickte. Auf dem Armaturenbrett leuchteten kleine Lichter auf. Der Bildschirm ging an und zeigte eine schwarzweiße Landkarte. Ein roter Punkt huschte darauf hin und her. Heike hörte ein leises Piepsen.

„Ist das ein Signal?“ fragte sie.

Der Computer bestätigte es. „Soll ich dich an den Ort bringen, wo es herkommt?“

„Ja.“

Ein schrilles Wiehern ließ Heike aufhorchen. Sie schaute zur Luke hinaus. Steppenwind war an den Rand der Schlucht getreten und hielt nach ihr Ausschau.

Noch immer strömte der Regen herab. Die Mähne klebte an Steppenwinds Hals, das Pferd sah naß und erbärmlich aus. Der Anblick schnitt Heike ins Herz. Was hätte sie darum gegeben, den Hengst mitnehmen zu können!

Sekundenlang rang sie mit sich. Sollte sie noch einmal hinaus, um das Pferd ein letztes Mal zu umarmen?

Das Wasser leckte am unteren Rand der Zeitmaschine. Steppenwind wieherte auffordernd.

Heike ballte die Fäuste. Tränen traten ihr in die Augen. Sie schluckte. „Mach schon, Archie“, flüsterte sie. „Sonst überlege ich es mir noch anders.“

Die Zeitmaschine begann zu summen. Die Luft draußen flimmerte, die Gegend wurde bereits unscharf.

„Danke, Steppenwind“, sagte Heike und preßte Moorteufel fest an sich. „Danke für alles.“

Der weiße Nebel des Zeitstroms hüllte alles ein. Heike biß sich auf die Lippen. Ihre Kehle war wie zugeschnürt. Sie hatte Steppenwind einfach im Stich gelassen!

‚Aber es geht doch nicht anders‘, versuchte sie ihr schlechtes Gewissen zu beruhigen. ‚Ich kann ihn unmöglich mitnehmen ins zwanzigste Jahrhundert. Er hat genug zu fressen – und irgendwann wird ihn jemand einfangen. Vielleicht bekommt er dann einen Herrn, bei dem er es besser hat.‘ Es war ein sehr schwacher Trost.

„Wir sind da“, verkündete Archie kurz darauf. Der Nebel lichtete sich. Heike riß die Augen auf. Sie waren im Innern eines Palastes gelandet. Durch bunte Glasfenster fiel farbiges Licht. Ein dicker Mann saß auf einem Sofa und spielte mit der Kapsel, die einst dem Professor gehört hatte. Als er die Zeitmaschine sah, riß er die Augen auf.

„Eine Erscheinung! Ich habe eine Vision! Ist es Gott oder der Teufel? Kommt das Jüngste Gericht über mich?“

Heike blickte sich um. Keine Spur vom Professor und den beiden Jungen!

„Archie, starte sofort durch, wenn ich es sage!“ befahl sie dem Computer. Sie trat in die Luke. Der Mann wahrte respektvollen Abstand.

„Wo ist Professor Ambrosius?“

„Ich kenne diesen Menschen nicht.“

„Wer seid Ihr?“

„Ich bin Chrysaphios.“ Die Stimme des Mannes bebte vor Angst. Jetzt entdeckte Heike die Kapsel, die Chrysaphios in der Hand hielt. Ihr wurde heiß und kalt zugleich.

„Woher habt Ihr dieses Ding?“

„Gegen Gold eingetauscht.“

„Und wo ist der frühere Besitzer?“

„Bei Priskos von Panion. Sie sind unterwegs zu Attilas Lager.“

Jetzt stand Chrysaphios auf. Heike fürchtete, er werde näherkommen und flüchtete zurück ins Innere der Zeitmaschine.

„Los, Archie! Es hat keinen Sinn, wir sind am falschen Ort gelandet. Suche die anderen Signale.“

Sogleich setzte das Summen der Maschine ein. Der Palast verschwand. Draußen wallte der weiße Nebel des Zeitstroms. Diesmal benötigte Archie etwas mehr Zeit, um ein Signal auszumachen. Aber schließlich ertönte ein zweifaches Piepsen.

„Das könnten sie sein." Heike preßte die Hände gegeneinander. Ihr wurde fast schlecht, wenn sie daran dachte, daß sie gleich in Attilas Lager zurückkehren würde. Sie hatte nicht die geringste Lust, Atakam zu begegnen …

„Wir sind da", sagte Archie.

Es regnete in Strömen. Die Zeitmaschine war zwischen lauter Jurten gelandet. Heike erkannte den Platz sofort wieder. „Bleibe startbereit!" befahl sie.

„Das Signal kommt von rechts", bemerkte der Computer.

Heike stellte sich in die Einstiegsluke. Sie formte ihre Hände zu einem Trichter und schrie: „Michael! Thomas! Onkel Ambrosius! Seid ihr hier?" Sie mußte sich anstrengen, um den heulenden Wind zu übertönen.

Ein Zipfel der Jurte wurde zurückgeschlagen. Michaels verquollenes Gesicht erschien.

„Heike ist da!" stieß der Junge aus. Hinter ihm tauchte eine hagere Gestalt auf. Es war Priskos. Ungläubig ruhten seine Augen auf der Zeitmaschine.

„Das, was ich gerade sehe, schreibe ich besser niemals auf, sonst behaupten meine Leser noch: ‚Priskos von Panion war verrückt!'"

„Ich kann es nicht fassen", sagte Michael, und seine Stimme klang vor Aufregung ganz hoch. Er berührte sein Gesicht, das glatt und unversehrt war. Die Fahrt durch den Zeitstrom hatte seine Wunden geheilt. „Eben noch im Hunnenlager und jetzt wieder in Werthausen! Wow! Dabei war ich überzeugt, daß wir diesmal bestimmt nicht mehr zurückkehren."

Die Zeitreisenden hatten die Tropfsteinhöhle verlassen. Strahlender Sonnenschein empfing sie. Kein Tropfen Regen!

„Ich muß mich erst einmal daran gewöhnen, wieder zu Hause zu sein", brummte Professor Ambrosius, nahm seine

Brille ab und rieb sich das Gesicht. „Mann, heute sind aber viele Spaziergänger unterwegs.“

„Die wollen alle die Kornkreise sehen“, erinnerte sich Thomas.

„Ach ja, die seltsamen Kreise“, wiederholte der Professor. „Wenn ich gewußt hätte, in welches Abenteuer wir geraten, dann hätte ich nie versucht, das Rätsel der Kreise zu lüften!“

„Alle Kornkreise sind mir piepegal“, verkündete Michael. „Ich will jetzt in Ruhe die Beine hochlegen. Das Abenteuer muß ich erst verdauen.“

Doch als die Zeitreisenden zum Höhentalweg kamen, sahen sie, daß sich vor dem Haus des Professors eine Menschenmenge versammelt hatte.

„Verflixt und zugenäht, was ist denn hier los?“ Professor Ambrosius boxte sich mühsam durch. Ein Reporter trat ihm in den Weg.

„Wohnt hier ein gewisser Michael Jaschke?“

„Momentan ja. Er ist aber nur in den Ferien hier“, antwortete der Erfinder. „Was wollen Sie denn von ihm?“

„Ein Interview! Er hat doch diese Ufos gesehen! Jetzt gibt es zwei andere Aussagen, die sich mit seiner Beschreibung decken. An der Sache muß etwas dran sein!“ Jetzt hatte der Reporter Michael entdeckt und zog ihn am Ärmel.

„He, Junge, da bist du ja. Leg' doch mal los! Was genau ist passiert?“ Er hielt ihm ein Mikrophon vor den Mund.

Michael kniff die Augen zu. Blitzlichter blendeten ihn. „O Mann! Bloß keine Fotos! Ich will doch jetzt meine Ruhe! Meine Ruhe! HILFE!“

Ende

ZEIT MASCHINE
MAGAZIN

Geheiminformation für ZM Leser

VON MARLIESE AROLD

Lieber ZM-Leser

na, hat Dir die Geschichte gefallen? Willst Du jetzt auch mit der Zeitmaschine aufregende Abenteuer erleben? Ich schon! Denn in einer fremden Epoche gibt es viele merkwürdige und interessante Sachen zu entdecken! Wetten, daß nicht einmal Dein Lehrer alles weiß? Klar, er ist ja nicht ARCHIE, der Computer, und kein Mensch kann alles im Kopf behalten! Außerdem kann man's hier nachlesen …

Viel Spaß wünscht Dir Deine

Marliese Arold

A*liens:*
Außerirdische

A*ttila:*
geb. um 395 n. Chr. (genaues Geburtsjahr ist nicht bekannt), gestorben 453 n. Chr. Seit 334 regierte er als König der Hunnen, zunächst zusammen mit seinem Bruder Bleda, den er jedoch ermorden ließ. Durch seine Raubzüge nannte man Attila bald die „Geißel Gottes". Chrysaphios wollte Attila umbringen lassen, doch Edekon blieb seinem Herrn treu, und der Plan mißlang. Attilas Tod im Jahr 453 (in seiner Hochzeitsnacht) ist jedoch trotzdem rätselhaft. Man vermutet, daß der Hunnenkönig ermordet wurde.

B*yzanz:*
Hauptstadt von Ostrom bzw. Bezeichnung für das ganze oströmische Reich. Die Stadt Byzanz heißt seit 330 n. Chr. Konstantinopel (heute Istanbul), da Konstantin der Große die Stadt zu großer Blüte brachte. Byzanz wurde immer wieder

von den Hunnen bedroht. Der Friedensvertrag zwischen Attila und Theodosius II. brachte dem Hunnenkönig viel Gold.

E*dekon:*
hoher hunnischer Adliger, einer der engsten Vertrauten Attilas

E*unuch:*
Mann, dem die Keimdrüsen entfernt wurden, so daß er keine Kinder mehr zeugen konnte

H*unnen:*
Reitervolk aus dem Gebiet der heutigen Mongolei. Sie traten zum ersten Mal im 3. Jahrhundert v. Chr. auf. 375 n. Chr. besiegten die Hunnen die Ostgoten. Unter ihren Herrschern Bleda und Attila drangen die Hunnen bis nach Europa ein und erreichten ihre größte Macht. 451 n. Chr. wurden die Hunnen in der Schlacht auf den Katalonischen Feldern vernichtend geschlagen. Streitereien, wer nach Attilas Tod Nachfolger werden sollte, führten schließlich zu ihrem Untergang.

H*ypnose:*
Bewußtseinsveränderung bzw. eine Art Schlaf, in dem der Hypnotisierte sehr beeinflußbar ist.

J*urte:*
rundes Zelt mit flachem Dach

K*onstantinopel:*
Name für die Stadt Byzanz, siehe auch *Byzanz*

M*aximinos:*
Gesandter aus Konstantinopel

O*men:*
Vorzeichen

P*apyrus:*
eine Art Papier, hergestellt aus dem Mark der Papyrus-Pflanze

P*riskos von Panion:*
byzantinischer Geschichtsschreiber (geboren um 415 n. Chr., gestorben nach 472). Sein Werk „Byzantinische Geschichte“ ist eine wichtige Quelle für die Ereignisse jener Zeit. Priskos berichtet auch von dem geplanten Mord an Attila.

R*ugila:*
Hunnenkönig, Onkel von Attila. Er starb 434 n. Chr. Angeblich wurde er vom Blitz getroffen, während er auf seinem Pferd saß und mit seinem Heer gegen Konstantinopel ritt, um die Stadt zu erobern. Die Hunnen sahen in dem Unglück ein schlechtes Vorzeichen und brachen ihren Feldzug ab.

S*chamane:*
Bezeichnung für einen Medizinmann und Zauberer

T*heodosius II:*
Kaiser von Ostrom, regierte von 408–450 n. Chr. Wie man behauptet, war er ein sehr schwacher Herrscher. Die Macht lag mehr bei seiner Schwester Pulcheria bzw. bei seinem Eunuchen Chrysaphios.

V*igilas:*
byzantinischer Dolmetscher

V*ölkerwanderung:*
Sammelbezeichung für die Wanderung germanischer Völkerstämme im 3. bis 6. Jahrhundert nach Christus. Ausgelöst wurde die Völkerwanderung durch den Einfall der Hunnen (die vermutlich wegen anhaltender Dürre neue Weidegründe suchten) in den ostgotischen Siedlungsraum.

Lieber ZM-Leser,

na, das war doch spannend, oder? Natürlich gibt es noch viele andere Zeit-Maschinen-Abenteuer. Hier findest Du alle Abenteuer im Überblick, die Marliese Arold schon geschrieben hat:

ZM-Streng geheim:

Die Höhlenmenschen vom Mammuttal (Band 1)
Ein Neandertalkind gerät ins 20. Jahrhundert. Professor Ambrosius versucht, es in die richtige Zeit zurückzubringen, doch da geht einiges schief ...

Die geheimnisvolle Goldgräberstadt (Band 2)
Goldrausch in Kalifornien 1849! Im Camp herrschen rauhe Sitten. Professor Ambrosius und seine jungen Freunde dürfen erst ins 20. Jahrhundert zurückkehren, wenn sie Gold gefunden haben ...

Der Smaragd von Bagdad (Band 3)
Ist der Professor ein Dieb? Harun al-Raschid, der Kalif von Bagdad, ist davon überzeugt. Wenn es Heike, Michael und Thomas nicht gelingt, ein schwieriges Rätsel zu lösen, soll der Professor eine Hand verlieren!

Die Rache des Druiden (Band 4)
Hilfe! Professor Ambrosius hat versehentlich Merlin aus der Vergangenheit geholt. Der schlitzohrige Zauberer trickst den Erfinder aus und klaut die Zeitmaschine ...

Die Todeselefanten (Band 5)
Durch eine Panne geraten Heike und Michael als Sklaven nach Italien, während Thomas mit Hannibal über die Alpen zieht ... Wird der Professor seine Freunde finden?

Die Maske des Piraten (Band 6)
Anstatt in der Karibik auszuspannen, wird Professor Ambrosius in eine gefährliche Sache hineingezogen. Der gefürchtete Pirat Schwarzbart zwingt ihn, eine Tarneinrichtung zu erfinden, die das Piratenschiff unsichtbar machen soll ...

Expedition nach Babylon (Band 7)
Professor Ambrosius ist weg! Heike, Michael und Thomas machen sich mit der Zeitmaschine auf die Suche. Sie geraten ins alte Babylon und werden dort Zeugen einer Verschwörung …

Karawane ins Verderben (Band 8)
Archie, der Computer der Zeitmaschine, macht einen schlimmen Fehler! Michael gerät ins 13. Jahrhundert nach Persien. Räuber nehmen ihn auf. Bei seiner Flucht trifft Michael Marco Polo …

Wer hat Einstein entführt? (Band 9)
Jemand pfuscht in der Zeit herum! Warum weiß niemand mehr etwas über Einstein? Professor Ambrosius versucht, der Sache auf die Spur zu kommen. Dabei wird er selbst von Kidnappern aus der Zukunft entführt …

Der Wächter der Pyramide (Band 10)
Um seinen Freund Immanuel einen Gefallen zu tun, nimmt Professor Ambrosius ihn zu einer Reise ins alte Ägypten mit. Doch Immanuel will in der Vergangenheit bleiben …

Die Katastrophe von Pompeji (Band 11)
Ein Erdstoß versetzt die Zeitmaschine ins alte Pompeji. Nach einer Bruchlandung sitzen der Professor, Thomas und Michael dort fest. In wenigen Tagen wird der Vulkan ausbrechen! Ein Wettlauf gegen die Zeit beginnt …

Falscher Kurs nach Indien (Band 12)
Professor Ambrosius und seine Freunde geraten an Bord der SANTA MARIA. Man schreibt das Jahr 1492. Columbus ist über das Auftauchen der Fremden nicht gerade begeistert …

Das Pferd des Schamanen (Band 13)
Was hat es mit den rätselhaften Kornkreisen auf sich? Als Professor Ambrosius es herausfinden will, versetzt die Zeitmaschine ihn und seine Freunde in die Vergangenheit. Kaum gelandet, werden sie von feindlichen Hunnen überfallen …

Labyrinth des Stiergottes (Band 14)
Schreie mitten in der Nacht! Wo kommen die Geisterstimmen her? Der Professor und die Kinder reisen mit ihrer Zeitmaschine nach Kreta. Das Abenteuer wird für Heike, Michael und Thomas lebensgefährlich …

PROFESSOR AMBROSIUS' TROPFSTEINHÖHLE
alter Steinbruch
Fledermäuse
Archies Kontrollpunkt
Eingang